《小雨姐姐说〈三字经〉》由浙江教育出版社诚意出品

这是一本配有国学学习小助手的书，为了帮助家长和孩子更好地阅读，本书特配了学习小助手，并为读者提供以下服务：

1.诵读音频：带领孩子体会中华韵律之美
2.自测题目：帮助孩子查漏补缺，成为国学知识小达人
3.妙趣微课：让孩子感受古人智慧，学习为人处世之道
4.每日阅读打卡：培养孩子坚持阅读的习惯

国学延展学习群

读者进群可以与书友交流，还能够获得“小雨姐姐巧读唐诗”“小雨姐姐妙解《弟子规》”等拓展性音频微课，让孩子走进中华传统文化的殿堂……

学习中华传统文化 | 陪伴孩子一起成长

微信扫描二维码
添加学习小助手微信
获取本书丰富学习资源

国学经典文库系列

小雨姐姐说《三字经》

小雨　主编
希苗文化　编写

浙江教育出版社·杭州

自序

很多人会问，让孩子学国学有意义吗？

诺贝尔物理学奖得主杨振宁先生曾分享过自己童年时的经历：“我小时候读很多唐诗宋词，妈妈当时要求一天背一首，后来大一点就背《孟子》，父亲每天用一个小时来教我《孟子》，教了一个半暑假，我把将近三万八千字的《孟子》从头到尾都背熟了。读了《孟子》，我就了解了中国人的思维方式，中国的哲学，这对我今后产生了非常重大的影响。”杨教授用自己的亲身经历告诉了我们从小学习国学的意义。

其实现在我们让孩子们学习国学，强调的是学习国学经典。中国现代学者、哲学家牟宗三先生曾说过：“中华文化最好的货币就是经典，在年幼时将最好的货币存在他们心中，他们长大后一定会知道怎么用。”俗话说，“读书百遍，其义自见”，指书要熟读才能真正领会。很多经典的内容是需要背诵的。因为通过不断背诵，这些内容会根植于孩子们的记忆中。小时候他们可能只知道一首诗、一个成语或一段文字是怎么说的，但当他们长大之后踏上社会，就会领悟其中的深刻含义，感受到古人的智慧，并且运用在他们的为人处世上，这才是学习国学经典的最大意义。

我是一名电台主持人，从2009年起，制作了一档国学节目叫“小雨来了”，每集用三分钟介绍一个国学小知识。节目中我会把很多知识点转化成自己的语言，用生动的形式传递给听众。我已先后推出“趣说《三字经》”“妙解《弟子规》”“巧读《唐诗三百首》”“小雨说成语”“咬文说字”“‘四大名著’来了”等多个系列，近3000集。其实在做这档节目之前，我对很多中国传统文化知识并不了解，而在整理资料和制作节目的过程中，我每天都在学习，这些知识不断积累下来，也成了我自身宝贵的财富。

时至今日，我的节目已经拥有众多忠实的听众，其中有成年人，也有孩子。随着节目陆续进入校园，很多听众希望我能为孩子们出一套书，让他们更好地理解和掌握这些知识点。我和多位专业老师共同探讨，深入分析，为小学中高年级的孩子们打造了这套“国学经典文库系列”，包括《小雨姐姐说成语》《小雨姐姐说唐诗》《小雨姐姐说宋词》《小雨姐姐说〈三字经〉》《小雨姐姐说〈百家姓〉》《小雨姐姐说〈弟子规〉》六本，与市面上常见的国学读物不同的是，本套书在原文、注释、赏析等基础上增设了“小雨讲堂”板块，加入很多有趣的点评，读来妙趣横生。这套书还可以作为孩子们的工具书，当他们需要了解某些国学知识时，可以借以参考。

这套书的出版需要感谢很多人。杭州希苗文化设计了核心的内容板块和撰写方式。浙江传媒学院的许盛老师为本套书绘制了插图，设计了封面。责任编辑李剑对这套书字斟句酌、反复修改。当我遇到写作瓶颈时，很多朋友给我启发，令我打开了思路……在此一并致以衷心感谢。

与经典同行，拜圣贤为师。学国学是一个不断积累的过程，希望每一位小读者能每天学一点，日积月累，把书中的内容转化为自己的知识，进而理解国学文化的精髓，砥砺品性，健全人格，早日成长为知识广博、品德高尚、举止优雅的人。

小雨

二〇一九年三月

目录

原文

人之初，性本善。
性相近，习相远。

译文

人出生的时候，本性都是善良的。后来在成长的过程中，因为生活环境和后天教育的不一样，人们的本性与行为也越来越不一样了。

知识链接

孟子，名轲，战国时期伟大的思想家、教育家。孟子幼年丧父，家庭困顿，受业于孔子的嫡孙孔伋的门人，继承并发扬了孔子的思想，主张推行“仁政”，提出了“得民心者得天下”的民本思想，是儒家的主要代表人物之一，被后世尊称为“亚圣”。“性善论”就是由孟子提出的。

相关故事

周处弃恶从善

西晋时期有个叫周处的人。由于父亲很早去世，周处自小缺乏管教，成天在外惹是生非，和人打架斗殴，为害乡里。

当地的山里有一只猛虎，经常出来伤人。当地的长桥下，有一条凶恶的蛟龙，经常游出水面，吞吃鸡鸭，伤害乡里人。于是人们把周处、猛虎、恶龙并称为“三害”，其中周处最令人头疼。人们都在背地里抱怨：“三害不除，永无宁日啊！”

有人出主意：“我们想办法让周处上山杀虎，下水屠龙，这样，‘三害’就除了两害，如果他被猛虎或恶龙吃掉，不是更好吗？”于是，就有人自告奋勇去找周处。见到周处后，那人就夸他胆子大，功夫好，如果能上山杀虎，下水屠龙，那就是真正的英雄了。周处听后，毫不犹豫地答应了下来。

第二天，周处果然带着弓箭，上山射死了老虎。之后，周处又带着刀剑，跳入水中去斩杀蛟龙。蛟龙在水里有时浮起有时沉没，周处与蛟龙一起漂游、搏斗了三天三夜，乡里人都以为周处死了，于是聚在一起庆祝。当周处杀死了蛟龙从水中出来，听说乡里人以为自己已死而庆贺，才知道自己实际上是被当作了祸害，遭别人厌恶，因此有了悔改之意。

那时，有两个很有名望、品德高尚的人，一个叫陆机，一个叫陆云，周处去向他们求教。周处见到陆云，把自己决心改过的想法诚恳地向陆云说了。他说：“我后悔自己觉悟得太晚，把宝贵的时间白白浪费掉了。现在想干一番事业，只怕太晚了。”陆云勉励他说：“别灰心，你有这样的决心，还是有希望的。

一个人只怕没有志气，不怕美名不能传扬。”

自那以后，周处一边跟陆机、陆云学习，刻苦读书，一边注意提高自己的品德修养。后来他终于成为晋朝的一代名臣。

小雨讲堂 所谓人性，就是人类天然具备的基本精神属性。人性本善还是本恶，是古今中外一直以来所争论的话题。在中国传统文化中，主要存在着这几种观点：以孟子为代表，主张人性本善；以荀子为代表，主张人性本恶；以扬雄为代表，主张人性善恶兼存。然而这几种观点都是片面的，因为人性本无善恶之分，人生来就如一张白纸，人性的成长是一个从“无”到“有”的过程。人是社会性的动物，独立的个体是无法生存的，因此社会环境对于人性的形成与成长起到了至关重要的作用，人性会随环境的变化、时间的推移而发生改变。

因此，父母为孩子创造的生活和学习环境对于孩子的成长是极为关键的。只有让孩子从小就生活在一个“善”的环境之中，与良善之人相处，尽可能避免孩子接触不良的行为，才能使孩子成为一个拥有良好品德的人。

原文

苟不教，性乃迁。
教之道，贵以专。

译文

如果不让孩子接受良好的教育，那么孩子善良的本性就会慢慢地改变。教育一定要讲究方法，最重要的是培养人专心致志、持之以恒的品质。

知识链接

义务教育，是国家统一实施的所有适龄儿童和青少年都必须接受的国民教育。义务教育又称强迫教育和免费义务教育，具有强制性、公益性、普及性的基本特点。《中华人民共和国义务教育法》规定的义务教育年限为九年，这一规定符合我国的基本国情，是合理的。

相关故事

司马光教子

司马光是北宋时期著名的史学家和政治家。“司马光砸缸”的故事传诵至今。

司马光家中藏书丰富，居住于洛阳时，他修建了“独乐园”，园中的“读书堂”里藏有文史书籍万余卷。

司马光不仅读书勤奋，编写过许多书，还十分爱惜书籍。他把家中的藏书分门别类地整理，读的时候都轻拿轻放，像对

待宝物一样。在天气晴朗之日，他都会把书拿到太阳底下晒晒。读书时，司马光从不直接用手捧书，唯恐手上的汗渍弄坏了书籍。因此，他藏书几十年，其书仍崭新如从未翻开过一般。

司马光不仅自己爱书，还教导自己的孩子要爱惜图书，督促他们养成良好的阅读习惯。有一次，司马光看到儿子读书的时候总是用指甲抓书页，很是心疼，他生气地对儿子说：“书籍让我们学到那么多知识和道理，你不但不爱惜它，还用指甲破坏，真是太不懂事理了！”他的儿子连忙站起来认错。司马光见儿子态度诚恳，就原谅了他，并告诉他保护和爱惜书籍的方法和经验。他对儿子说：“读书的时候，要坐端正。翻书的时候，要先用右手拇指的侧面把书页的边缘托起，再用食指轻轻盖住，然后揭开新的一页。只有这样小心谨慎才能保证书籍完好无损，才可方便以后的阅读啊。”

听了父亲的教诲，儿子惭愧地说：“请父亲放心，我以后一定会严格按照您的方法去做，爱护好每一本书。”

司马光一生博览群书，学富五车，留下了《温国文正司马公文集》《稽古录》《涑水记闻》《潜虚》等著作，而其最重要的作品要数他用了十九年时间主持编纂的中国历史上第一部编年体通史——《资治通鉴》。《资治通鉴》全书共二百九十四卷，主要以时间为纲，事件为目，通贯古今，记载了从公元前403年至公元959年共一千三百六十二年的历史。

小雨讲堂 人在成长过程中需要不断积累。然而由于孩子的认知能力较弱、自制力较差，在成长的道路上很容易因为接触到品行不端的人和不良的思想而误入歧途，因此需要各方（家长、老师、亲朋好友等）的积极引导，而引导的关键就在于教育。百年大计，教育为本，教育是头等重要的大事。要想使孩子成为对社会有用的人才，必须时刻注重对孩子的教育，培养孩子专心致志、持之以恒的品质。

原文

昔孟母，择邻处。
子不学，断机杼。

译文

战国的时候，孟子的母亲为了使孟子有一个好的学习环境，搬家数次，选择好的邻居。有一次孟子不努力学习，孟子的妈妈就剪断织机上的布，以此来教育孟子：如果学习半途而废，就像剪断织好的布一样，会前功尽弃。

知识链接

中国的纺织与印染技术具有非常悠久的历史。早在原始社会时期，古人为了适应气候的变化，已懂得就地取材，将自然资源作为纺织和印染的原料，并制造简单的纺织工具。在古代，百姓普遍都过着男耕女织的简朴生活：男人作为家中的主要劳动力，每天去田里耕种，日出而作，日落而息；女人则在家里织布，教育孩子。孟母和孟子所生活的时代是战国时期，当时手工织布机已被广泛应用。

相关故事

孟母三迁

孟子小时候，父亲早早地去世了，母亲守节没有改嫁，独自一人织布赚钱来抚养孟子。孟子小时候很贪玩，模仿能力很强。起初，孟子与母亲住在墓地附近，孟子就经常和邻居的小孩一起学着大人跪拜、号哭，玩起办理丧事的游戏。

孟母看到了，不由皱起眉头，心想：“不行！这里不利于我孩子的成长，不能让我的孩子继续住在这里了！”于是孟母就带着孟子搬到市集旁边去住。到了那里，孟子又和邻居的小孩学起商人做生意的样子，一会儿鞠躬欢迎客人，一会儿招待客人，一会儿和客人讨价还价，模仿得像极了！孟母知道后，又皱皱眉头：“这个地方也不适合我的孩子居住！”于是，他们又搬家了。这一次，他们搬到了一所学堂附近。孟母看到儿子经常去学堂听老先生讲课，认为儿子喜欢读书，就把儿子送去学堂念书。

可是一开始，孟子不过是出于好奇，才会经常去学堂听老先生讲课，当真的要每天都去学堂上课时，贪玩的孟子就有些待不住了。有一天，孟子逃学了，孟母知道后很生气。等孟子从外面玩够了回来，孟母把他叫到身边，问他：“你读书学习是为了什么？”孟子说：“为了自己。”孟母剪断织布机上的布，说：“你如今荒废学业，就像我剪断这织布机上的布。织不成布，就没有衣服穿；不好好读书，你就永远成不了人才，你实在是太令我失望了！”孟子从没见母亲发过这么

大的火，顿时愣住了。事后，他认真地思考了很久，终于明白了母亲的良苦用心。从此，孟子专心读书，经过不懈的努力，终于成了一位贤人。

小雨讲堂 谁家的父母不望子成龙？父母一辈子辛辛苦苦地工作，努力挣钱，就是为了尽自己最大的努力去给子女创造良好的生活、学习环境。子女健康成长，成为令他们骄傲的人才，就是他们最大的心愿。或许有时候你会认为父母太过严苛，但是他们毕竟有着丰富的人生阅历，漫长的人生道路不可能从头再走一次，他们希望自己的孩子尽可能避免走自己曾经走过的弯路，因此尽全力去教育孩子，引导孩子。孟子之所以能够成为历史上有名的大学问家，是和母亲的严格教育分不开的。父母都希望孩子能在良好的环境中成长，作为小学生，我们一定要珍惜和努力哦！

原文

窦燕山，有义方，
教五子，名俱扬。

译文

住在燕山脚下的窦禹钧，教育孩子有很好的方法。他教育的五个儿子都很有成就，个个声名远扬。

知识链接

中国古代，国家选拔人才的制度主要有汉代的察举制、魏晋南北朝时期的九品中正制和隋朝以后的科举制等。

察举制：就是由下向上通过考察把品德高尚、才干出众的人才推荐给朝廷。察举的科目很多，主要有孝廉、秀才、明经等。

九品中正制：魏文帝时设立九品中正制，由特定官员按出身、品德等品第人才，使得当时的官吏选拔有了一定标准。晋、南北朝时沿用此制。

科举制：科举制创立于隋文帝时期，完善于唐朝。在唐朝，科举考试有常举和制举两类。武则天时增设武举。宋代实行解试、省试、殿试等三级考试制度。明代科举成为官吏选拔的主要途径，科举考试每隔三年举行一次，分乡试、会试、殿试三级。清代于顺治二年（1645 年）开始实行科举取士，有文科、武科、制科和翻译科。文科考试分童试、乡试、会试和殿试四级。殿试是最高一级的考试，读卷官评阅完毕，将前十卷进呈，由皇帝亲定名次。一甲三名，依次为状元、榜眼、探花，赐进士及第；二甲若干人，赐进士出身；三甲若干人，赐同进士出身。

五子登科

传说五代时期有个名叫窦禹钧的人，他年轻时做生意欺行霸市，以势压贫，直到三十岁还没有子女，他自己也为此着急。有一天晚上睡觉时，他梦见死去的父亲，父亲告诉他："你心术不正，品行不端，天天做坏事，恐怕一生无子，而且性命难保啊。不过只要你马上痛改前非，多做好事，多行善积德，一切都还可以挽回。"窦禹钧醒来后，吓出了一身冷汗，他下定决心要痛改前非。于是他在家乡设立学堂，并且对穷人家的孩子免收学费。一天夜里他又梦到了父亲，这回父亲对他说："很好，你现在做了这么多好事和善事，帮了这么多穷苦人，你将会有五个孩子，这五个孩子个个都能金榜题名，你自己也可以活到八九十岁。"窦禹钧醒来以后，就更积极地去做好事，后来他果然有了五个儿子。

窦禹钧吸取自身的教训，总结经验，把全部精力放在教育儿子身上，方方面面考虑得非常周全。窦禹钧不仅注重锻炼他们的身体，还重视他们的学习和品德修养。在他的培养教育下，五个儿子都成为有用之材，先后登科及第，留下了“五子登科”的故事。

小雨讲堂 教育孩子一味地靠严厉的斥责是不行的，有时可能会适得其反。因为每个孩子的品性都是不一样的，因此，教育孩子更重要的是要讲求方式方法，因材施教。教育孩子，家长一定要有耐心，不能操之过急，孩子的接受能力终究是有限的，不可能一下子将家长苦口婆心的忠告都听进去，因此家长必须要循循善诱，耐心教导他们，如果一种方法不行，那就换另一种方法去教导。此外，家长也要以身作则，在教育孩子之前先审视自身存在的缺点和不足，在日常生活中要多说善言，多行善举，让孩子从小耳濡目染，接受良好的思想和文化熏陶，从而培养他们高尚的品德与情操。窦禹钧能够使五个儿子和睦相处，孝敬父母，并且学业上都很有成就，是和他的教育方法分不开的。

原文

养不教，父之过。
教不严，师之惰。

译文

只简单地供养儿女吃穿，而不好好教育他们，这是父母的过错。而父母把孩子送到学校，孩子不认真学习，这是老师要求不严格，没尽到职责的缘故。

知识链接

家训，是指对子孙立身处世、持家治业的教诲。它是中国传统文化的重要组成部分，也是家庭教育的重要组成部分，它在中国历史上对个人的修身、齐家发挥着重要的作用。自汉初起，家训著作逐渐丰富多彩。家谱中记录了许多治家教子的名言警句，成为人们倾心企慕的治家良策，成为“修身”“齐家”的典范。虽然古代的家训有历史局限性，但是其中有很多在今天看来仍有积极意义，值得我们学习和借鉴。历史上比较著名的家训有《颜氏家训》《朱子治家格言》《曾国藩家训》等。

相关故事

岳飞严格教子

岳飞是南宋抗金名将，中国历史上著名的军事家、战略家，他的英雄事迹至今为人传诵。

二十岁那年，岳飞离家从军。据说，在临行前一天，岳母姚氏为了勉励儿子树立“以身许国，报效国家”的伟大报负，用针在他背上刺了“精忠报国”四个大字，他牢记在心，至死不忘。后来岳飞不负母亲期望，带领军队连连战胜金军。他所创建的“岳家军”赏罚分明，纪律严明，一次次给予金军沉重打击，直令金军闻风丧胆，发出“撼山易，撼岳家军难”之叹。

岳飞一共有五个儿子，他继承了良好的家风，像母亲当年对自己一样，严格教育这几个儿子。他以身作则，始终保持着简朴的生活作风，把多余的钱充作军费，赏给军士。岳飞日常在家只穿麻布，不穿丝绸。家中平常的饭菜是麦面加蔬菜，很少吃肉，而且他规定儿子们不得饮酒。岳飞还经常要儿子们利用读书之余到农田去从事各种劳动，以此告诉他们，从事农业生产是一件很艰苦的事情，千万要珍惜粮食，不能浪费。

岳飞的长子岳云，十二岁入伍成为一名小军士。岳飞对岳云的武艺操练要求十分严格。有一次，岳云身披重铠，操练骑马冲下陡坡，一时兴起，忘记注意地形，骑马从山上狂

奔而下，结果连人带马栽进了壕沟里，衣服跌破了，脸上也挂了彩，流了血。岳飞看见了，大怒，命令军士打岳云一百军棍。众将士求情，岳飞不为所动。他说：“实际对敌的时候，难道也能这样吗？”岳飞认为，平时即战时。如果这种情况发生在两军交战时，不但岳云自己会丢掉性命，而且还会造成整场战斗失利。所以，现在若不按军法办事，严加教育，表面上看是爱儿子，实际上是害儿子！

在岳飞的严格教育下，岳云很快成长为一员战功赫赫的勇将。

小雨讲堂 从心理学角度来说，成长中缺乏父亲教育的孩子情绪极易变得异常，容易产生攻击行为，甚至会走上犯罪的道路；孩子缺少父爱，容易形成性格缺陷，甚至产生心理疾病；另外，缺少父亲教育的孩子，还容易产生恋母情结，而且难以转变。因此父亲的教育在孩子的成长过程中不可或缺哦。

原文

子不学，非所宜。

幼不学，老何为？

译文

小孩子不肯好好学习，是很不应该的。一个人倘若小时候就不好好学习，到老的时候他既不懂做人的道理，又没学识，那他对社会有什么用处呢？

知识链接

文房四宝是纸、墨、笔、砚的总称，是中国独特的传统书写绘画文具。广义的文房四宝还包括为书画服务的相关用具，如国画颜料、书画印泥，各种质料的笔筒、笔洗、笔架、笔挂、笔帽、笔套、笔帘，各种质料的水滴、水盂、水丞，墨床，镇尺、镇纸，书画毛毡，绫绢及其他装裱设备与用具，画钩、画轴、画框、画筒、臂搁、砚盒、印章、印床、印规、刻刀、调色盘等相关产品。

“文房”一词最早起源于南北朝时期，意指官府掌管文书之处。唐以后文房专指文人书房。宋代，文房四宝包括宣纸、徽墨、湖笔和端砚。北宋雍熙三年(986年)苏易简撰《文房四谱》，对这四种文具的品类进行论述，自此文房四宝蜚声文坛。文房四宝的制作历史悠久。墨、毛笔、砚可追溯到新石器时代的仰韶文化时期。文房四宝品类繁多，历代都有著名的制品和艺人，以安徽泾县（古属宣州府）的宣纸和歙县（古属徽州府）的徽墨、浙江吴兴善琏（古属湖州府）的湖笔、广东肇庆（古属端州府）的端砚最为著名。

相关故事

伤仲永

宋代的时候有个平民家的小孩叫方仲永，他家世代都是种地的。仲永五岁的时候，还不认识笔、纸之类的书写工具，可是有一天，他忽然哭着向父母要这些东西。他父亲感到很惊讶，就把邻居家的笔、墨、纸、砚借来给他，仲永立即写了四句诗，并且题上了自己的名字。诗写得非常好，以至于全乡的秀才都来赏读这首诗。从此，人们指定物品让仲永作诗，他便会立即完成，而且都写得非常好。渐渐地，人们为了得到他的诗作便经常请他父亲吃饭，还给他们父子相应的报酬。仲永的父亲感到有利可图，便天天拉着仲永四处拜访，不再让他学习了。

当仲永十二三岁的时候，人们已不再请他写诗了，因为他写出来的诗早已比不上从前写的了。又过了七八年，有人问起方仲永的情况，大家都说：“他已经和普通人一样了。”

方仲永的故事很好地告诉了我们，即使天资聪颖，可如果不好好珍惜自己的天分，不接受后天的教育，那么最终还是会沦为一个平庸的人。

小雨讲堂 有句古诗说得好：“少壮不努力，老大徒伤悲。”意思就是如果年轻力壮的时候不奋发图强，到了老年，悲伤也没用了。青少年时期是一个人接受能力、反应能力、记忆力、创造力最强的时候，可以说是学习的黄金时期。在这个时候，我们要好好珍惜光阴，刻苦努力地学习，提高自己的道德修养，这样，长大后我们定能成为于国、于家都有用的优秀人才，否则，我们将沦为碌碌无为的平庸之人。每个人的年少时期都只有一次，不可能从头再来，如果你不珍惜、把握有限的青春时光，而将其白白地浪费，到了长大后后悔就来不及了。

原文

玉不琢，不成器。
人不学，不知义。
为人子，方少时，
亲师友，习礼仪。

译文

玉石如果不经打磨雕刻，就不会成为精美的器物；人若不学习，就不会懂得做人的道理。做儿女的，应该趁着年纪还小的时候，多亲近能够指导自己的老师，多结交有共同志向的朋友，学习为人处世的礼节和规矩。

知识链接

孔子是儒家学派的创始人，是中国古代著名的思想家、教育家，是为后世所敬仰、推崇的大圣人。如此圣贤之人，并非是天生如此的，而是经过不断学习而成的。孔子曾说过：“三人行，必有我师焉。”意思是别人的言行举止，必定有值得我们学习的地方。这句话受到后世知识分子的极力推崇，孔子虚心好学的精神也由此体现出来。我们要随时注意学习他人的长处，待人宽而责己严。这不仅是提高自己修养的最好途径，也是促进人际关系和谐的重要条件。

相关故事

孔子拜师

孔子年轻的时候，就已经是远近闻名的老师了。他总觉得自己的知识还不够渊博，于是三十岁的时候，他离开家乡曲阜，去洛阳拜大思想家老子为师。

曲阜到洛阳的路途遥远，孔子风餐露宿，日夜兼程，几个月后，终于走到了洛阳。在洛阳城外，孔子看见一驾马车，车旁站着一位七十多岁的老人，穿着长袍，头发胡子全白了，看上去很有学问。孔子想：这位老人大概就是我要拜访的老师吧！于是上前行礼，问道："老人家，您就是老聃先生吧？""你是？"老人见这位风尘仆仆的年轻人一眼就认出了自己，有些惊讶。孔子连忙说："学生孔丘，特地来拜见老师，请收下我这个学生吧。"老子说："你就是仲尼啊，听说你要来，我就在这儿迎候了。论研究学问，你不比我差，为什么还要拜我

为师呢？”孔子听了，再次行礼，说：“多谢老师等候。学习是没有止境的。您的学问渊博，跟您学习，一定会大有长进的。”

从此，孔子每天不离老师左右，随时请教。老子也把自己的学问毫无保留地传授给孔子。人们佩服孔子和老子的学问，同时也敬重他们的品行。

小雨讲堂 一个人的成才之路如同雕刻玉器一样。玉在没有被打磨雕琢以前和普通石头没有区别，人也是一样，只有经过艰苦磨炼才能成为一个有用的人。然而在不断磨砺自己的道路上少不了别人的引导，或许是父母，或许是家中的其他长辈，或许是老师，或许是朋友和同学。不管怎么样，要学会亲近好的老师、好的朋友，并向他们学习。取人之长补己之短，才能不断地充实自己。

原文

香九龄，能温席。
孝于亲，所当执。

译文

东汉时的黄香，九岁的时候就知道孝敬父亲，到了冬天先用自己的体温替父亲暖席被。这样孝顺父母的行为，是我们这些做子女的都应该实行和效仿的。

知识链接

黄香温席的故事取自元代郭居敬编录的《二十四孝》。《二十四孝》是一本记述历代二十四个孝子从不同角度、在不同环境中行孝的故事，是中国古代宣扬儒家思想及孝道的通俗读物。《二十四孝》的故事取材广泛，除了西汉刘向编辑的《孝子传》，还取自《艺文类聚》《太平御览》等书籍，故事感人至深，脍炙人口，对如今开展青少年思想品德教育来说仍有一定的借鉴作用。

相关故事

黄香温席

黄香是东汉时期著名的孝子，是“二十四孝”中“扇枕温衾”故事的主角。

黄香小时候，家中生活很艰苦。在他九岁的时候，母亲就去世了。黄香非常悲伤。他本来就非常孝敬父母，在母亲生病

期间，小黄香一直不离左右，守护在母亲的病床前。母亲去世后，他对父亲更加关心，尽量不让父亲操心。

黄香家的房子低矮，夏天格外闷热，而且蚊蝇很多。到了晚上，大家都在院子里乘凉，尽管每人都不停地摇着手中的蒲扇，可仍不觉得凉快。入夜了，大家都准备回屋睡觉去。这时，父亲看见黄香正从屋里出来，就问他在屋里干什么。

“屋里太热，蚊子又多，我用扇子赶走蚊虫，也能使屋里显得凉快些，这样您能睡得好一点。”黄香说。父亲听后非常感动。

于是每逢夏天，黄香为了让父亲休息好，晚饭后总是拿着扇子扇跑蚊蝇，还扇凉父亲睡觉的床和枕头，使劳累了一天的父亲能够早些入睡。

冬夜里，天气寒冷，令人难以入睡。一天，黄香晚上读书时觉得特别冷，捧着书卷的手一会儿就冰凉冰凉的了。他想：“这么冷的天气，父亲一定也很冷，他白天干了一天的活，晚上还不能好好睡觉，这样不行。”想到这里，小黄香心里很不安。为了让父亲少挨冷受冻，他读完书便悄悄走进父亲的房里，帮他铺好被子，然后脱了衣服，钻进父亲的被窝里，用自己的体温焐热冰冷的被窝之后，才请父亲睡下。黄香用自己的孝心，温暖了父亲。

黄香温席的故事就这样传开了，街坊邻居们人人都夸赞黄香是个孝子。黄香因孝名扬京师，号曰“天下无双，江夏黄香”。黄香后任郎中、尚书郎、尚书左丞，又升任尚书令。任内他勤于国事，一心为公，闻名天下。

小雨讲堂 “孝”是中华民族的传统美德，已经成为独特的文化符号流淌在我们的血液里。时至今日，“孝”依然作为社会的一个文化标志，对我们的日常生活有着重要的影响。父母生下我们，给予我们生命，是对我们最大的恩赐，而且他们还不求回报地抚养我们，教育我们，尽自己最大的努力满足我们的需求，将他们所拥有的一切都给予我们，含辛茹苦地培养我们成才，因此，我们要对父母心怀敬意，学会感恩。

原文

融四岁，能让梨。
弟于长，宜先知。

译文

汉朝的孔融四岁时，就知道把大的梨让给哥哥吃。这种尊敬和友爱兄长的道理，是每个人从小就应该知道的。

知识链接

相传，三国时期，曹丕称帝以后，对才华横溢又有政治志向的弟弟曹植一直心怀忌恨，想着法子要除掉他。有一次，他命曹植在七步之内作诗一首，若写不出就将行以大法处死。曹植对此很是伤心，不等哥哥话音落下，便应声咏出了四句诗：“煮豆燃豆萁，豆在釜中泣。本是同根生，相煎何太急？”意指兄长曹丕不顾念兄弟之情而残害自己。曹丕听了心生羞愧和不忍，毕竟这是自己的兄弟，终究没能下得了手，放过了曹植。这便是著名的“七步成诗”的典故。

相关故事

孔融让梨

东汉时期鲁国有一个名叫孔融的人，他是孔子的第二十世孙，从小聪明伶俐，懂事知礼。一天，父亲的朋友带了一盘梨来给孔融兄弟们吃。父亲叫孔融分梨，孔融挑了个最小的梨子，其余按照长幼顺序分给兄弟。父亲问他：“这么多梨，又让你先

拿，你为什么不拿大的，却拿一个最小的呢？”孔融说：“我年纪小，应该吃小梨，大梨留给哥哥们。”父亲听后十分惊喜，又问：“那弟弟也比你小啊。”孔融说：“因为弟弟比我小，所以我应该让着他。”

孔融让梨的故事很快就传开了，并且一直流传至今。

小雨讲堂 血缘关系之中除了父母与子女之间的感情，兄弟姐妹之间的感情也很珍贵。兄弟姐妹之间既有亲情又有友情，应该彼此理解，互相体谅。让我们从友爱兄弟姐妹开始，养成宽容谦让、尊老爱幼的良好品德吧！

原文

首孝悌，次见闻，
知某数，识某文。
一而十，十而百，
百而千，千而万。

译文

一个人首先要学的就是孝敬父母和友爱兄弟的道理，其次是学习天下的各种知识，学会数字的加减，认识文字，会读文章。

这样从一加到十，十个十便成了百，十个百便成了千，十个千便成了万。

知识链接

中国是四大文明古国之一。数学是中国古代科学中一门重要学科，其发展源远流长，成就辉煌。先秦时期，中国的数学就已经萌芽。魏晋至唐初，中国数学理论体系建立。这一时期涌现出很多杰出的数学家和数学著述。例如，数学家祖冲之首次将“圆周率”精算到小数点后第七位，即在3.1415926和3.1415927之间。产生了中国古代第一部数学专著《九章算术》，它是一本当时世界上最简练有效的应用数学著作。到了宋元时期，中国的数学发展达到巅峰，许多数学著作借助印刷术得以广泛流传。总而言之，中国古代数学在很长一段时间里是领先于世界的，在世界数学史上占有重要的地位。

相关故事

孝顺的陆绩终成大才

三国时期吴国有一个名叫陆绩的人，他的父亲陆康曾经在庐江当过太守，与将军袁术关系很好。陆绩自小就受到父亲高风亮节的熏陶，为人很是孝顺。

有一次，父亲带着他到袁术家里做客，袁术拿出许多橘子来给陆绩吃。陆绩暗地里把三个橘子装在袖子里，等到告别的时候，他向袁术作揖，不料这三个橘子滚了出来。袁术笑着说："陆郎呀，你来做客，竟暗地里藏主人的橘子，不怕他人笑你偷橘子吗？"陆绩双膝跪地，回答道："这几个橘子并不是带回去给我自己吃的，而是因为我母亲很喜欢吃橘子，所以

我便想起带几个回去给她吃。”袁术听了这一番话，觉得这孩子小小年纪就懂得孝顺母亲，十分感动。

陆绩成年后，博学多识，通晓天文、历法，曾作《浑天图》，注《易经》，撰写《太玄经注》，成了一位有名的天文学家。

小雨讲堂 你可知道数学在我们的生活中无处不在？小到花钱买东西、记录时间、计算年龄，大到飞机起飞、卫星发射、宇宙探索，都离不开数学知识。大家一定要好好学习数学哦！

原文

三才者，天地人。

三光者，日月星。

三纲者，君臣义，

父子亲，夫妇顺。

译文

“三才”指的是构成生命现象的三种最基本元素，即天、地、人。“三光”指光明的来源，就是太阳、月亮、星星。“三纲”是人与人之间的伦理纲纪和行为准则。君王与臣子之间的言行要遵循法度，尽到职责；父母与子女之间要相亲相爱；夫妻之间要互敬互爱，和睦相处。

知识链接

人类对于世界和宇宙的认识随着时间的推移而不断加深，古人由于生产力水平低下和认识能力有限，对世界和宇宙的认识大多是唯心的，将其归结于神的创造。在中国古代，有盘古开天辟地的神话传说和天圆地方的观点，而同时在西方，则有上帝用七天创造世界的传说。当然，这都是不科学的。随着生产力水平的不断提高，人类认识能力的不断增强，人类对于世界和宇宙的认识开始转向唯物主义，特别是当近代科学产生之后，人类对世界和宇宙的认识进入了一个前所未有的高峰。从托勒密的地心说到哥白尼的日心说，再到牛顿的万有引力定律、爱因斯坦的相对论和惊世骇俗的“宇宙大爆炸论”，可以说，人类在对世界和宇宙的认识上有了质的飞越。

盘古开天辟地

传说在天地还没有被开辟出来以前，有一只神兽，叫作帝江（也有人叫它混沌）。它没有七窍，样子就如同一个没有洞的口袋。它有两个好友，一个叫倏，一个叫忽。

有一天，倏和忽商量为帝江凿开七窍，帝江同意了。倏和忽用了七天为帝江凿开了七窍，帝江却死了。

帝江死后，它的肚子里出现了一个人，名字叫盘古。盘古在这个“大口袋”中一直酣睡了一万八千年。他醒来后，发现周围一片黑暗。他想舒展一下筋骨，但四周一片混沌。盘古感到浑身燥热，呼吸困难。他火冒三丈，勃然大怒:“天哪！这该死的地方!”

盘古不想在这种恶劣的环境中继续生存下去了。于是他拔下自己的一颗牙齿，把它变成威力巨大的神斧，抡起来用力向

周围劈砍。

“哗啦啦啦……”一阵巨响过后，混沌破裂开来，从中涌出一股清新的气体，它弥漫开来，飘飘扬扬升到高处，变成天空；另外一些浑浊的物质缓缓下沉，变成大地。从此，混沌不分的宇宙变为天和地，不再是漆黑一片，盘古就头顶天、脚踏地地置身于天地之间。

盘古在天地间不断长大，天每日升高，地每日增厚，不知又过了多少年，天终于不能再高了，地也不能再厚了。这时，盘古长长地吐出一口气，慢慢地躺在地上，闭上沉重的眼皮，倒下了。

盘古嘴里吐出的气变成了春风和天空中的云雾；声音变成了雷鸣；左眼变成了太阳，照耀大地；右眼变成了皎洁的月亮，给夜晚带来光明；泪水变成了万点繁星，点缀美丽的夜空；骨骼变成了树木花草，供人们欣赏；毛发变成了草原和森林；牙齿变成了石头和金属，供人们使用；汗水变成了雨露，滋润着禾苗。从此，人间有了阳光雨露，人类开始繁衍。

小雨讲堂 人是社会性动物，生活在一个复杂的社会中，良好的人际关系对个人生活和成长都很重要。要使人与人之间有一个良好和谐的关系，每个人都要从自身做起。因此，就需要各种各样的准则和规范来对人的行为进行一定程度的约束，以维护社会的和谐与稳定。

原文

曰春夏，曰秋冬。
此四时，运不穷。

译文

一年有春、夏、秋、冬四个季节。这四个季节春去夏来，秋去冬来，每年循环往复一次，永不停息。

知识链接

历法可分为阳历、阴历、阴阳历三种。

趣味百科

二十四节气

春雨惊春清谷天，夏满芒夏暑相连。
秋处露秋寒霜降，冬雪雪冬小大寒。

这是为了便于记忆我国古代历法中的二十四节气而编成的小诗歌。

节气指二十四时节和气候，是中国古代订立的一种用来指导农事的补充历法，是中国古代汉族劳动人民长期经验的积累和智慧的结晶。由于中国农历是一种“阴阳合历”，即同时根据太阳和月亮的运行制定的，因此不能完全反映太阳运行情况，但中国又是一个农业社会，农事活动需要密切关注太阳的运行情况，所以在历法中又加入了单独反映太阳运行周期的“二十四节气”，用作确定闰月的标准。

立春：是二十四节气中的第一个节气，含意是开始进入春天。过了立春，万物复苏，生机勃勃，一年四季从此开始了。

雨水：位于每年正月十五前后，这时春风遍吹，冰雪融化，空气湿润，雨水增多，适合从事培土施肥、清沟排水等农事活动。

惊蛰：标志着仲春时节的开始，天气转暖，春雷开始震响，蛰伏在泥土里的各种冬眠动物苏醒过来，我国大部分地区进入了春耕季节。

春分：春季九十天的中分点，这一天太阳直射地球赤道，地球上各地昼夜等长。此时宜进行放风筝、挑野菜等活动。

清明：是中国传统的祭祀节日，是祭祖和扫墓的日子。此时气候清爽温暖，草木始发新枝芽，万物开始生长，农民忙于

春耕春种。

谷雨：春季的最后一个节气，谷雨节气的到来意味着寒潮天气基本结束，气温回升加快，有利于谷类农作物的生长。

立夏：标志着盛夏时节的正式开始，是农作物进入生长旺季的重要节气。

小满：小麦等夏熟作物的籽粒饱满，但尚未成熟。

芒种：仲夏时节的正式开始，此时，有芒的麦子可收，有芒的稻子可种。

夏至：意味着炎热的夏天来临。此时，北半球各地的白昼时间达到全年最长。

小暑：意指天气开始炎热，但没到最热的时候。

大暑：一年中最热的时候，农作物生长最快，同时，旱、涝等灾害也最为频繁。

立秋：秋天的第一个节气，标志着孟秋时节的正式开始。到了立秋，梧桐树开始落叶，因此有“落叶知秋”的成语。

处暑：即“出暑”，“炎热离开”的意思。处暑节气意味着即将进入气象意义的秋天。

白露：天气渐凉，清晨时地面和叶子上会有水汽结露。

秋分：在这天，太阳几乎直射地球赤道，全球各地昼夜等长。秋分过后，太阳直射点继续由赤道向南半球推移，北半球各地开始昼短夜长，即一日中白昼短于黑夜。

寒露：是气候从凉爽到寒冷的过渡。此时气温比白露时更低，地面的露水更冷，快要凝结成霜。

霜降：天气渐冷，初霜出现，意味着冬天即将开始。

立冬：中国民间以立冬为冬季之始，立冬期间，有需进补以度严冬的食俗。

小雪：气温下降，可能开始降雪，但雪量不大，尚未过于寒冷。

大雪：标志着仲冬时节的正式开始。降雪的可能性比小雪时更大了，并不指降雪量一定很大。

冬至：这天是北半球各地一年中白昼最短的一天，并且越往北，白昼越短。

小寒：标志着一年中最寒冷的日子即将到来。

大寒：是中国部分地区一年中的最冷时期，风大，低温，地面积雪不化，呈现出冰天雪地、天寒地冻的严寒景象。

小雨讲堂 四季的变化对万物的生长起到了至关重要的作用。因此，掌握四季变化的规律，对于人类的生产和生活来说具有十分重要的意义。

阳历（太阳历）：以地球绕太阳公转的运动周期为基础而制定的历法。如今世界通行的公历就是阳历的一种。

阴历（太阴历）：以月相周期制定的历法。

阴阳历：兼顾太阳、月亮与地球关系的一种历法。我国现在所用的农历实质上就是一种阴阳历。

原文

曰南北，曰西东。
此四方，应乎中。
曰水火，木金土。
此五行，本乎数。

译文

东、南、西、北这四个方位，必须有个对应的中央位置，如此方能把各个方位定出来。至于说到“五行”，那就是金、木、水、火、土。这是中国古代用来指万事万物的抽象概念，是根据一、二、三、四、五这五个数字及其组合变化产生的。

知识链接

邹衍是道家代表人物，战国末期齐国人。邹衍的主要学说有五行学说、“五德终始说”和“大九州说”，他又是稷下学宫的著名学者，因他“尽言天事”，当时人们称他“谈天衍”，又称邹子。

趣味百科

五 行

五行学说是中国古代以木、火、土、金、水五种物质属性来概括自然界一切事物具有共同功能结构的一种朴素的系统理论。中医学的理论基础五行学说理论的实质是建立了一个关于一切事物普遍适用的整体结构模型。中医学不仅运用五行理论作为方法论归类系统，而且以其生克胜复的反馈联系论述人体和自然界保持相对平衡和稳定的原因，借以说明人体生理功能和病理变化，指导诊断和治疗。五行学说在医学中的应用，使整体观念进一步强化和系统化，对形成特有的理论体系起了巨大的推动作用，并提出了亢害承制等新的规律，使五行理论得到进一步发展。但是，五行学说作为一种直观朴素的理论，不可避免地存在着许多缺点，诸如简单的属性归类、试图从特殊的生克功能关系构筑普遍适用的系统整体结构模型，不可能完全作出科学的说明。

小雨讲堂 我们所生活的世界是十分广阔的，不同的人生活在不同的地方，人与人之间想要互相交往就必须了解彼此的方位。人们最早确定方位的方法是利用太阳的东升西落，以及北斗七星的位置。然而这样只能大致分辨出东南西北，且不确定的干扰因素太多，因此，我们的祖先最早发明了指南针，从而使确定方位变得十分简便，尤其在航海中，指南针起到的作用更大了。古人创造的灵感主要来自于生活，同样也运用于生活，这在今天也是我们仍要继承和发扬的。生活无小事，对于生活中的点点滴滴，我们都应该适当地去关注和思考，从细节中寻找发明创造的灵感。

原文

曰仁义，礼智信。
此五常，不容紊。

译文

古人倡导仁、义、礼、智、信，并以此作为为人处世的原则。人人都应该遵守，社会才不会失去秩序。

知识链接

战国七雄：中国战国时期国势强盛、互争雄长的七个诸侯国，即秦、齐、楚、赵、魏、韩、燕。春秋时中华大地共有一百多国，经过兼并，到战国初，剩下十几国。但较强大的诸侯国只有西方的秦，中原以北的赵、魏、韩，东方的齐、燕，南方的楚、越，共八国。越国很快就走向衰亡，只剩下七国。七雄的角逐最初表现为争霸，主要是魏的称霸，以及魏与齐的争霸。后来局势则转变为合纵与连横的交替。七雄中以秦为最强。秦早有吞并天下之心，而且善于招揽人才，决策得当。尤其是自秦孝公用商鞅变法之后，国力强盛，攻城略地，蚕食东方诸侯，被称为虎狼之国。七雄最后统一于秦。韩最先亡，次魏，次楚，次燕，次赵，齐最后亡。

相关故事

商鞅立木取信

战国初期，秦国在经济、军事等各方面都比其他几个诸侯国落后。但自从秦孝公即位后，他重用卫国人商鞅变法强国，使秦国一跃成为战国七雄之中的最强者。

商鞅在变法前，深知推行新法的困难，为了让百姓相信自己，他想出了一条妙计。他命人在京城南门立了一根三米长的木杆，并发布公告，声称谁能把这根木杆扛到北门去，就赏谁十金。

这一公告引来了许多百姓，他们围在一起议论纷纷。其中一个人说：“这根木杆谁都扛得动，哪儿用得着赏十金呢？其中一定有问题！”另一个人说：“大概是跟我们开玩笑的吧，不是真的。”围观的人都认为商鞅的公告不可信，所以没有一个人去扛木杆。

商鞅见状，便把赏金数额加大，说道：“如果有人能把这根木杆扛到北门去，我就赏给他五十金。”商鞅的话音未落，

人群再次哗然。有人嚷道：“大人真会开玩笑，这么简单的事，哪用赏那么多钱呢？”于是，人们愈加怀疑了，谁也不去扛那根木杆。

过了一会儿，人群中终于走出来一个人，他抱着试试看的态度说：“我可以把这根木杆扛到北门去。”说完，他蹲下身子，扛起木杆，迈开大步，向北门走去。围观的人们也尾随着他，想看个究竟。那人到达北门后，商鞅立即命人取了五十金赏给他。人们纷纷称赞商鞅是守信之人。商鞅以“信”折服了秦国百姓，之后他制定的新法颁布，得以顺利推行。

小雨讲堂 “仁义礼智信”是儒家的五常，贯穿于中华伦理道德的发展传承中，早已成为中国人价值体系中的核心因素，并深深流淌于每个中国人的血液之中。“仁”是儒家学派道德规范的最高原则，是孔子思想体系的理论核心。所谓“仁”，即宽以待人，推己及人，人与人之间要互相爱护。人虽然是自我的，但是不能自私自利，不能过分以自我为中心，要为他人着想，学会换位思考，自己不想要的就不能强加给别人。所谓“义”，就是人与人之间要互相帮助。在别人遇到困难，需要帮助时能够及时出手帮助他人，这样，当你有难的时候，别人也会来帮助你。所谓“礼”，就是人与人之间要以礼相待，要懂礼仪。人与人之间要互相尊重，这在人际交往中是非常重要的，只有你尊重了别人，别人才会尊重你，人际关系才会和谐。所谓“智”，简单来说就是要好好学习，努力获取和积累各方面的知识，提升各方面的技能，要善于思考，从日常生活的细节中寻求创造的灵感。所谓“信”，就是为人要讲诚信，不要欺骗别人。一个人只有做到了诚实守信，才会得到别人的信任，才会受到别人的尊重。

原文

稻粱菽，麦黍稷。
此六谷，人所食。
马牛羊，鸡犬豕。
此六畜，人所饲。

译文

大米、高粱、大豆、小麦、黄米和小米，这六种谷物是我们日常生活中的重要食品。马、牛、羊、鸡、狗和猪，这六种动物和谷物一样，本来都是野生的，后来渐渐被人们驯化，成为人类所喂养的家畜。

知识链接

神农氏：中国古史传说时代原始农业发明者的化身。神农氏时代大抵指随着原始农业的发生、发展，氏族制度日益完备的历史时期。传说神农氏姓姜，可能是以羊为图腾的氏族，生长于姜水。《逸周书》佚文有“神农之时天雨粟，神农耕而种之”；《礼纬·含文嘉》有神农氏“始作耒耜，教民耕种”；《国语·鲁语》有“昔烈山氏之有天下也，其子曰柱，能植百谷百蔬”，柱是原始农业火耕阶段的点种棒，农是耜耕阶段的蚌制农具，烈山氏指使用火猎“烧山引兽，放火寻角”的人群。柱为烈山氏之子，寓意原始农业的发展，柱演化为农，又被神化为神农，这名号虽然是虚构的，却浓缩了原始农业发生发展的历史。

相关故事

中华人文始祖

人类是智慧的生物，从诞生之初就开始通过不断认识世界促进自己不断地进化。在人类文明出现之前，早期的人类经历了一段漫长的自我认识和进化的过程。中国是四大文明古国之一，是世界文明发源地之一，而原始时期中华人文始祖的出现，为中华文明的诞生奠定了基础。

最先出现的有巢氏，他教导人们筑巢为室。相传，他在树上用树枝和树叶建造出简陋的篷盖，作为示范——这就是原始的房屋了，至少可以躲避野兽和洪水。人们都学习他，并且在建筑的技能上一天天进步。有巢氏代表着人类从原始的穴居发展到建造房屋的阶段，是人类进步的一个标志。

随后出现的是燧人氏，他钻木取火，成为华夏人工取火的发明者。火无所不在，但在当时没有人知道如何利用它。燧人

氏经过反复试验，教人们如何钻木取火。人类有了火，就跟动物分道扬镳了。动物始终不会用火，而人们却因随时可吃到烧熟的食物，生活方式有了划时代的突破。

伏羲氏是第三位出现的神，他似乎比前面两位老前辈的本领还要大。相传，他教人如何用火烹饪，从此人们能够享受到香喷喷的饭食；他根据天地万物的变化，发明创造了占卜八卦；他设立官员，进行社会管理，为后代治理社会提供借鉴；他发明乐器，创作乐曲；他教导男女固定他们的配偶；他制定夫妇制度，规定必须经过结婚仪式才可以生孩子，以使下一代得到父母的教养；他制造渔网，指导水滨的居民们捕鱼；他指导人们挖掘陷阱，捕捉野兽，并把它们训练成家畜；他指导人们种植桑树及养蚕，抽丝纺织。

中国农业社会，在这位伟大神祇的领导下初步形成。

小雨讲堂 农耕文明是人类史上的第一种文明形态。原始农业和原始畜牧业、古人类的定居生活的发展，使人类从食物的采集者变为食物的生产者，是第一次生产力的飞跃，人类自此进入农耕文明，而这一文明也是几千年漫长历史中的主要形态。中国的原始农业和原始畜牧业发端很早，早在新石器时代，我们的祖先就已经开始培养和种植各种谷物，以及畜养各种牲畜。然而，古代由于生产力水平低下，生产技术落后，所以粮食的产量也相对较低，再加上封建时代耕地多为地主所有，百姓获得的粮食除了要交给国家，还有很大一部分要交给地主，最后留给自己的只有很少一部分，很多百姓都有吃不饱的时候。“谁知盘中餐，粒粒皆辛苦”，我们吃着香喷喷的饭菜时，千万不要忘了辛勤耕种的农民伯伯。

原文

曰喜怒，曰哀惧，
爱恶欲，七情具。

译文

高兴、生气、悲伤、害怕、喜爱、厌恶和欲望，这七种情绪，是人们一出生就具备的。

知识链接

在中医学中，七情是对喜、怒、忧、思、悲、恐、惊七种情志活动的合称。七情本是人体对外界事物和现象所产生的不同情志反应，属正常的精神活动，一般不会使人致病。但如果遇到突然、强烈、长久的情志刺激，超过了常度，则成为致病因素。七情致病因患者的社会环境、身体状况、生活习惯以及道德、文化等因素的不同而各异，但都从内而发，如使人体阴阳失调、气血不和、经络阻塞、脏腑功能紊乱等，进而发生各种疾病。七情致病的病变机理复杂，病证繁多。临床诊治时特别强调应注意患者情志表现，力求解除其思想顾虑，促使疾病向愈。

相关故事

灌夫骂座惹祸

西汉初期有一位名叫灌夫的勇士，他年轻时在吴楚七国之乱中立下过战功，皇帝对他很是看重。于是他就变得有些骄横恣肆、目中无人起来。有一次，灌夫和长乐宫的卫尉窦甫一起饮酒，灌夫酒后竟打了窦甫。窦甫是景帝的母亲窦太后的兄弟，皇帝怕太后迁怒斩杀灌夫，就调他任燕国国相，灌夫才算躲过这次因醉自酿的凶险。

元光四年的一个夏天，丞相田蚡娶燕王刘嘉的女儿做夫人，其母王太后亲下诏令，命列侯宗室都去祝贺。魏其侯去探访灌夫，想和他一起去。灌夫推辞说："我多次因为酒醉得罪过丞相，丞相如今和我有仇怨。"可是经不起魏其侯的劝说，于是灌夫只好和魏其侯一起去参加婚宴。

大家饮酒正高兴时，丞相田蚡起身敬酒，客人们一个个都离开席位恭敬地迎接。轮到失去权势的魏其侯敬酒时，只有一些老朋友离开席位，其余的客人只是稍微欠身应付。灌夫看到客人接酒的两种态度判若云泥，内心很不高兴。他起身敬酒，首先敬丞相，丞相稍稍欠身说："不能喝满杯。"灌夫一听气不打一处来，讥笑说："您是贵人，请干了这一杯！"丞相执意不喝。

酒敬到临汝侯那里，临汝侯正和程不识说悄悄话，面对灌夫的敬酒，根本不离开席位。灌夫满肚子的火顿时发泄出来，骂临汝侯说：“什么东西！你平日把程不识诋毁得一钱不值，今天长者来向你敬酒，竟然像女子似的咬着耳朵说悄悄话！”丞相对灌夫说：“程、李两位都是东西宫的卫尉，你今天当众羞辱程将军，难道不给李将军留点面子吗？”灌夫说：“今天杀我的头，穿我的胸，我都不在乎，哪里管什么程、李呢！”饮酒的客人一看灌夫又借酒撒野，一个个都借口上厕所，陆续走掉了。好端端的一场婚宴被灌夫搞砸了，丞相大怒道：“这都是我放任灌夫的结果！”于是命令士兵捆绑灌夫，并以大不敬的罪名把他关押了起来，最后将灌夫和其家属一起处决了。

小雨讲堂 人是感情动物，每个人都有七情六欲，七情是人生来具有的，谁也不可能抹杀它，但作为一个有志者，是绝不能被感情牵着鼻子走的，更不能肆意放纵自己的情绪和欲望。人要学会妥善处理自己的情绪，才能活得幸福而有意义。

原文

匏土革，木石金，
丝与竹，乃八音。

译文

匏瓜、陶土、皮革、木材、石头、金属、丝线和竹子，古人将这八种材料制成的乐器称为“八音”。

知识链接

五音十二律：五音又称五声，是最古老的音阶，即宫、商、角、徵、羽。十二律是古代的定音方法，各律从低到高依次为黄钟、大吕、太簇、夹钟、姑洗、中吕、蕤宾、林钟、夷则、南吕、无射、应钟。

相关故事

伶伦定音律

中华文明源远流长，中国音乐历史悠久。考古发现，早在新石器时代，中华大地上的先民就已经制作出了骨笛、陶埙等上古乐器，说明当时的人类已经具备对音乐的审美能力。

史载，中华人文始祖伏羲氏发明了琴瑟，还创作了曲子。琴与瑟均由梧桐木制成，带有空腔，以丝绳为弦。

到了黄帝时期，乐器的种类虽然越来越繁多，但是音律还没有统一的标准，大家在一起唱歌或演奏乐器，很是混乱。于是黄帝召来当时的乐官伶伦，命他想办法制定关于音律的标准。

伶伦砍了十二根翠竹，制成长短不一的十二根竹管，并对这十二根竹管发出的声音进行反复调整。渐渐地，他发现始终存在两个问题，要么这十二种音律无法形成一个完整的循环，要么解决了循环问题又发现其中的一些音实际上根本没有用处。测试了很多组音律组合都找不出一种最完美的解决办法，伶伦为此很伤脑筋。

一天伶伦来到了昆仑山上，刚好天空中飞过一对凤凰，凤鸣叫六声，凰就应和六声，一唱一和十分协调。伶伦受到了启发，重新对十二根竹管进行调整：在凤鸣的基础上制定了六种音高，称为“六吕”，在凰应和的基础上制定了另外六种音高，称为“六律”，合起来总共十二个音高称为“六律六吕”，简称“律吕”。律吕很好地解决了十二个基础音循环和实际应用的矛盾，从此以后，音律便有了统一的标准。人们在唱歌的时候，歌声就能统一起来，制造乐器的时候，也有了相应的标准。

小雨讲堂 音乐可以反映人类现实生活的情感，是人用来抒发情感、陶冶情操的一种艺术形式，可分为声乐和器乐两大类型。人类社会究竟从什么时候开始有音乐，已经无从考证，但是早在还没有产生语言时，人类就已经知道利用声音的高低、强弱等来表达自己的感情。随着人类劳动的发展，逐渐产生了统一劳动节奏的号子和相互间传递信息的呼喊，这便是原始音乐的雏形；当人们庆贺收获和分享劳动成果时，往往敲打石器、木器以表达喜悦、欢乐之情，这便是原始乐器的雏形。

中国音乐发展历史悠久，是东方音乐的主要代表，尤其以丝竹乐闻名世界。中国的古典音乐与古典书法、绘画一样，追求的是神与意的融合，蕴含丰富，有古琴的高深渺远，有古筝的优美动人，有琵琶的清脆饱满，有二胡的婉转悲凉，有洞箫的低沉幽雅。好的音乐可以陶冶性情，优美的东方音乐极具魅力。如今我们在热衷于宣泄情感的流行音乐的同时，也应该多去欣赏那些高雅的古典音乐，从而陶冶自己的情操，提升自己的欣赏品味。

原文

高曾祖，父而身，
身而子，子而孙。
自子孙，至玄曾，
乃九族，人之伦。

译文

由高祖父生曾祖父，曾祖父生祖父，祖父生父亲，父亲生我，我生儿子，儿子再生孙子，再下去是曾孙和玄孙。从高祖父到玄孙这九代称为“九族”。这“九族”代表着人的长幼次序和家族血统的承续关系。

知识链接

中国古代九大名山：在《吕氏春秋》和《淮南子》两本典籍中均有记载，分别是会稽山（在今浙江省绍兴市）、泰山（在今山东省泰安市）、王屋山（在今河南省济源市）、首山（在今河南省襄城县）、大华山（在今安徽省六安市）、岐山（在今陕西省岐山县）、太行山（位于山西省与华北平原之间）、羊肠山（在今山西省晋城市）、孟门山（在今山西省柳林县）。

相关故事

愚公移山

从前有一位老人，名叫愚公，快九十岁了。他家的门口有两座大山，一座叫太行山，一座叫王屋山，人们出行非常不方便。

有一天，愚公召集全家人说：“这两座大山挡在我们的家门口，我们出门要走许多冤枉路，不如我们全家出力，移走这两座大山，大家看怎么样？”愚公的儿孙们一听，都说：“您说得对，我们明天就行动吧！”可是，愚公的妻子觉得搬走两座大山太难了，提出反对意见：“我们既然已经在这里生活了许多年，为什么不能继续这样生活下去呢？况且，这么大的两座山，即使可以一点点移走，哪里又放得下这么多石头和泥土呢？”愚公妻子的话立刻引起了大家的思考，这确实是一个问题。最后他们一致决定：把山上的石头和泥土都运到海里去。

第二天，愚公带着一家人开始移山了。但愚公一家移山的工具只有锄头和背篓，而大山与大海之间相距遥远，一个人一天往返不了两趟。结果一个月干下来，大山看起来跟原来没什么两样。

有一个老头叫智叟，为人很精明。他看见愚公一家人移山的行为，觉得十分可笑。有一天，他对愚公说：“您这么大岁数

了，走路都不方便，怎么可能移走两座大山呢？”愚公回答说：“您的名字叫智叟，可我觉得您还不如小孩聪明。我虽然快要死了，但是我还有儿子，我的儿子死了，还有孙子，孙子死了还有孙子的孙子，子子孙孙，一直传下去，无穷无尽。山上的石头却是搬走一点儿就少一点儿，再也不会长出一粒泥、一块石头来。我们这样天天搬，月月搬，年年搬，为什么会移不走这两座山呢？”自以为聪明的智叟听了，再也无话可说了。

愚公带领一家人每天起早贪黑地挖山，不论是酷热的夏天，还是寒冷的冬天。他们的行为最终感动了玉皇大帝。于是玉皇大帝派了两名神仙到人间，把这两座大山移走了。

愚公移山的故事一直流传至今。它告诉人们，无论多么困难的事情，只要有恒心有毅力地做下去，就一定会成功。

小雨讲堂 繁衍生息是万物的法则，是生物进化的必然过程。而人类的繁衍，更是文明的传承和延续。很多动物也是以家族群体为单位生活的，但是人类更特别、更具代表性。特别是在古代，由于受到宗法制等影响，人们具有很强的家族观念，祖祖辈辈构建起了广大的、具有凝聚力的家族群体。

九族之间的关系不仅是血统的承续关系，更凝聚着血浓于水的亲情。每个家庭成员都应该承担起自己应尽的责任和义务，家庭才能和睦。

原文

父子恩，夫妇从。
兄则友，弟则恭。

译文

父母对子女要慈爱，子女对父母要感恩，夫妻之间的感情要和顺。哥哥对弟弟要爱护，弟弟对哥哥则要尊敬。

知识链接

郡县制是中国古代以郡统县的两级地方行政制度。春秋时期已有县、郡的设置，但两者并无统属关系，各国制度也不尽相同。至战国时期，县的设置已趋广泛，并由都鄙制度和世族世官制的县制转变为作为地方政权而实行官僚制度的县制。秦孝公十二年（公元前 350 年），商鞅第二次变法，在秦国普遍推行县制，把乡、邑、聚等合并为县，建置了 41 个县（一作 31 县）。设有县令、县丞、县尉等官职。官员实行定额俸禄制。县令等长吏随时由国君任免。郡的设置较县晚，其地位较县为低，两者并无相统属的关系。战国时期，边郡形成郡、县两级制的地方管理体系。郡守（云梦秦简中已有称“太守”者）为一郡之长，多由武官充任，有征兵领军之权。

至战国末年，各国郡县的设立已很普遍，但仍有封国掺杂其间。秦统一后郡县制遂遍行于全国，汉继秦制，比秦更为严整。郡县制确立后，中央通过上计、考课和监察来加强对地方政权的控制，使得中央政令能较为顺利地贯彻到最基层，保证政令的划一性。秦汉的郡县制代替周的分封制，也即从地方分权演变为干强枝弱的中央集权制，为后来两千年的地方行政体制奠定了牢固的基础。

相关故事

姜肱大被

汉朝的时候，有个人姓姜名肱。他有两个弟弟，一个叫姜仲海，另一个叫姜季江。他们兄弟三人非常友爱，几乎形影不离，天天在一起读书、温习功课、玩耍，还一起帮父母做家务事。等到成年后，虽然他们兄弟三人各自娶了妻子，可是仍旧不愿分开，便做了一床很大的被子，兄弟三人仍旧睡在一起。

有一次，姜肱跟弟弟季江一同去郡城，结果半夜路遇强盗。强盗嚣张地晃着明晃晃的匕首，一步步逼近抱在一起的兄弟俩。突然，姜肱将季江推到身后，上前一步说：“我弟弟

还小，我是做哥哥的，有责任保护弟弟，要杀就杀我吧，希望你能放他一条生路。”这时，后面的季江也走上前说道：“不！你不要伤害我哥哥，还是杀我吧！”兄弟俩都争着让对方活命。想到亲兄弟就要生离死别，两人不禁抱在一起，痛哭流涕。盗贼是因饥寒才起了盗心，并不是铁石心肠之人，这时候也深深地被兄弟俩的手足情感动了，他说：“我今天终于见到真正的亲情了。”于是便放了他们两人，只抢了一些衣服便匆匆离开。

到了郡城里，别人看见姜肱兄弟俩都没有了衣服，就问姜肱这是什么缘故。姜肱就用别的话来支开了，终究不肯说碰到强盗这一回事。强盗得知了，心里很感激，也很懊悔，就到姜肱面前叩头谢罪，把抢去的衣服统统都还给了他们。

小雨讲堂 国人之间关系和谐、同心协力，那么这个国家才会强大；家人之间关系和睦、相亲相爱，那么这个家庭才会兴旺。家人是与我们最亲近的人，是我们最能够去信任和依赖的人，家庭成员之间要以礼相待，和睦相处，这样的家庭才是幸福的家庭。

原文

长幼序，友与朋。
君则敬，臣则忠。
此十义，人所同。

译文

年长的和年幼的交往要注意长幼次序；朋友相处应该讲信用。如果君主能尊重他的臣子，臣子就会对君主忠心耿耿。前面提到的十义，即父慈、子孝、夫和、妻顺、兄友、弟恭、朋信、友义、君敬、臣忠，是人人都应遵守的，千万不能违背。

知识链接

魏徵是中国唐贞观时名相。字玄成。魏徵少孤贫，好读书，素怀大志，见天下渐乱，尤注意研究纵横之学。魏徵敢于犯颜直谏，前后所奏二百余事，其中大部分保留在《魏郑公谏录》和《贞观政要》两书中。当贞观之治已经形成后，他仍然关心国家的安危。他所谏的内容主要有以下几个方面：居安思危，施行仁义；去奢省费，轻徭薄赋；举贤任能，斥佞退邪；坚持法制，力避任刑；虚怀纳谏，不责过激；偃武修文，少动干戈；善始令终，力防蜕变。贞观十七年，魏徵卒。太宗对朝臣说："以铜为镜，可以正衣冠；以古为镜，可以知兴替，以人为镜，可以明得失。朕常保此三镜，以防己过，今魏徵殂逝，遂亡一镜矣。"太宗还亲自为魏徵撰成碑文，亲书刻石。此年，太宗在凌烟阁图画二十四功臣肖像，魏徵名列第四。太宗晚年发动亲征高句丽的战争，损失巨大，受创班师，他懊悔地说："魏徵如果在世，我就不会有这次出征。"

贞观之治

唐太宗李世民亲历隋末的社会大动荡，即位以后，励精图治，经常和大臣一起探求治国方略，讨论怎样迅速致治。他们以隋亡国为戒，实行一系列开明的政策和措施，很快就达到了致治的局面。贞观君臣在讨论的时候，针对现实问题，引经据典，结合历史，不仅提出解决的办法，还提出了许多很有意义的理论问题。这就是历史上有名的贞观之治。

唐太宗以隋炀帝拒谏饰非为鉴，认识到必须兼听纳谏，广泛听取各种意见，不偏听偏信，才能成为一个明君。因此，他

十分注意听取臣下的意见，在历史上以勇于纳谏而闻名。大臣敢于发表和坚持自己的意见，魏徵、张玄素等大臣，多能面折廷诤，提出了不少中肯的建议和批评，避免和纠正了很多错误，形成了上下一致，力求致治这样一种古代少有的政治风气。

贞观君臣认识到，“非贤不理”，“用非其材，必难致治”，必须广任贤良。根据举贤任能的原则，唐太宗除了重用自己做秦王时的僚属房玄龄、杜如晦，还引用了原来太子李建成的幕僚魏徵、王珪和韦挺，后来又发现和起用了马周、刘洎等，帮助他成就了贞观伟业。太宗还能做到以诚信待下，信赏必罚，调动臣下的积极性。

“贞观之治”期间，生产恢复，社会安定，民族融洽，政治清明，人民安居乐业，国力日益强盛，是中国历史上可与汉代“文景之治”相媲美的盛世。

小雨讲堂 规则与礼节是人类和谐相处、社会有序发展的有力保障，人与人之间的关系是相互的，你尊重善待别人，别人也会尊重善待你。从古到今，中国人都十分重视礼和义，如儒家提倡父母的慈爱、子女的孝顺、兄弟姐妹之间的友爱、夫妻间的恩爱、朋友之间的信义、长幼之间的次序、君臣之间的忠义等“十义”。时至今日，这些伦理道德原则对维持社会安定、推动社会发展仍具有重大意义。

原文

凡训蒙，须讲究。
详训诂，明句读。
为学者，必有初。
《小学》终，至“四书”。

译文

教导刚开始读书的小孩，应该讲究一定的方法。文章里的每句话都要解释明白，并且使孩子完全懂得如何给文章断句。每一个刚开始读书的人，学习的初期都要打好基础，把《小学》里的知识学透了，再来读《论语》《孟子》《中庸》和《大学》这四本书。

知识链接

小学：古代八岁入小学，学习洒扫、应对进退、礼乐射书数等基础文化知识和技能。南宋理学家朱熹曾以此为内容，与弟子刘清之合编《小学》一书。

四书：中国儒家经学典籍。《大学》《中庸》《论语》《孟子》的合称。这些书记载了中国古代的典章文物、历史资料等，论述了儒家的哲学观点、政治思想、伦理观念和教育原理。长期以来，封建统治者将这些书作为封建社会学校的教科书和科举取士的考试内容。南宋的朱熹把这四种书加以注释，称《四书章句集注》，简称《四书集注》，“四书”之名从此确定下来。“四书”原文不过五万多字，但儒家所宣扬的封建专制主义的政治纲领、伦理思想、哲学观点都包括在这四种书里。《四书集注》出版以后，南宋末年，很多学校用为课本。明清科举考试，都首重“四书”，以朱熹的注解为唯一标准。自此，《四书集注》遂成为从中央到地方、官办和私办的一切学校的最基本课本。

相关故事

空中楼阁

从前有个富翁，虽然家财万贯，但是愚蠢无知，而且还自以为是，老做傻事，所以常常遭到别人耻笑。

有一次，他到另一个富翁的家里，看见一座三层的楼房又高又大，富丽堂皇，心里十分羡慕，想道：“我的钱财并不比他少，为什么以前没想到造一座这样的楼房呢？”

回到家后，他心中一直记挂着这件事，于是迫不及待地吩

咐下人找来了同村一个高明的木匠，问道：“你能不能照着我朋友家那座楼的样子造一座比那更漂亮的楼？”

木匠回答说：“那你可算是找对人了，他们家的那座楼就是我造的。”

富翁听了顿时心里就乐开了花，他故作冷静地对木匠说：“那你现在就为我造一座比那更漂亮的楼吧。”

于是木匠便开始量地基，叠砖，造楼。

富翁看见木匠叠砖，心生疑惑，就问木匠：“你这是打算造什么呢？”

木匠回答道：“造三层的楼呀！”

富翁说：“我不要下面那两层，你给我造最上面那一层就行了。”

木匠答道：“没有这样的事！哪有不造最下面一层楼就造第二层楼的？不造第二层楼又怎么谈得上造第三层楼呢？”

这个愚蠢的富翁固执地说：“我就是不要下面两层楼，你一定得给我造最上面那层楼！”

其他人听说了这件事，都笑话他愚蠢无知。

小雨讲堂 这世上没有一蹴而就的事情，任何事情都需要从头开始，一步一个脚印地努力进行，这就好比造房子，如果不先把地基打稳固了，那么就造不出经得起风吹雨打和时间考验的坚固房子。知识是慢慢积累的，一口吃不成大胖子，我们的学习如果不先打好基础，那么今后学起来就容易遇到困难。人们在开始读书的时候必须打下扎实的基础，首先是讲读发音要正确，词意要清楚，要学会正确断句，这样才能领会文章中所表达的含义和观点。为学必有初始阶段，任何一个大学问家，他的知识都是一点一滴积累的，只有扎扎实实打下良好的基础，才能向更高深的知识领域进军。

原文

《论语》者，二十篇。
群弟子，记善言。

译文

《论语》这本书共有二十篇，是由孔子的众多弟子编写而成，记载了许多给人启迪的孔子的言论。

知识链接

孔子是中国古代思想家、教育家、政治家，儒家学派创始人。名丘，字仲尼，春秋末期鲁国人。先世为宋国贵族，因避内乱迁居鲁国。鲁国是周公之子伯禽的封地，素有“礼乐之邦”之称；至春秋末，“周礼尽在鲁”，礼乐仍保存完好。鲁国良好的文化环境对孔子思想的形成颇有影响。相传孔子有弟子三千，最优秀者七十二人。孔子的思想学说主要汇集在《论语》中。

《论语》是中国儒家重要经典，是孔子的弟子记录孔子言行的著作。其中，间有孔子弟子的对话。成书于战国初期。内容相当广泛，多半涉及人类社会生活问题，例如，如何立身行事，如何处理人与人之间、个人与社会之间的关系，等等，是研究孔子思想的主要资料。在成书后的两千多年中，《论语》一直是中国读书人立身治学、建功立业的必读书，它对中国人的伦理思想和道德准则有很大影响。

相关故事

孔子辩义利

相传，鲁国有一条法律，如果鲁国人在外国见到同胞遭遇不幸，沦为奴隶，凡是能够把这些人赎回来，帮助他们恢复自由身的人，就可以获得国家的金钱奖励。孔子的学生子贡把鲁国人从外国赎回来，但没有领取国家的金钱奖励。孔子说："赐（端木赐，即子贡），你错了！圣人做的事可改变民风世俗，可以教导百姓，而不仅仅是为了自己。现在鲁国富人少，穷人多，向国家领取赏金，对你没有任何损失；但不领取赏金，鲁国就没有人再去赎回那些遇难的同胞了。"

子路救起一名溺水者，那人为了感谢子路，送了他一头牛，子路收下了。孔子高兴地说："鲁国人从此一定会勇于救落水者了。"

小雨讲堂 相传，孔子有弟子三千，其中最优秀的有七十二人，而在这七十二人中，孔子最看重的是颜回。颜回跟随孔子周游列国，过匡地遇乱以及在陈、蔡间遇险时，子路等人对孔子的学说都产生了怀疑，而颜回始终不渝，并解释道：“老师的理想很高，学问很深，所以才不为一般人所理解、采用，这正是他们的耻辱。”颜回一生淡泊名利，德行高尚，严格按照孔子关于“仁”“礼”的要求，“敏于事而慎于言”。只可惜，这位孔子最得意的弟子不幸英年早逝，令孔子十分悲痛。

原文

《孟子》者，七篇止。
讲道德，说仁义。

译文

《孟子》这本书共有七篇，专门讲述品行修养和儒家的道德仁义等优良德行。

知识链接

《孟子》是战国时期孟子的言论汇编，由孟子与其弟子共同编纂而成。《孟子》全书现存七篇，体裁与《论语》大致相似，记录了孟子与其他各家的思想争辩、对弟子的言传身教、游说诸侯等内容，集中反映了他作为先秦儒家主要代表的基本思想，是中国思想史和儒学史上重要的典籍，有着极大的历史价值。

相关故事

仁义的孟子

孟子是儒家的代表人物之一，继承和发展了孔子的德治思想，并将其发展为仁政学说，形成一个完整的思想体系。《孟子》一书中有很多关于“仁政”思想的故事。

有一次，孟子和梁惠王谈论治国之道。孟子问梁惠王：“用木棍打死人和用刀子杀死人，有什么不同吗？”

梁惠王回答说："没有什么不同。"

孟子又问："用刀子杀死人和用政治害死人有什么不同？"

梁惠王说："也没有什么不同。"

孟子接着说："现在大王的厨房里有的是肥肉，马厩里有的是壮马，可老百姓面有饥色，野外躺着饿死的人，这是当权者带领着野兽来吃人啊！大王想想，野兽相食，尚且使人厌恶，那么当权者带着野兽来吃人，怎么能当好老百姓的父母官呢？孔子曾经说过，首先开始用俑（古时陪葬的木偶或土偶）的人，将会断子绝孙、没有后代。您看，用人形的土偶来殉葬尚且不可，又怎么可以让老百姓活活饿死呢？"

又有一次，梁惠王召见孟子，问道："我做君王，对国家的治理可以说是尽心尽力了。有地方发生灾荒，收成不好，我就把那里的一部分老百姓迁移到收成好的地方，并把收成好的地方的一部分粮食运到收成不好的地方去，让那里的百姓

不至于饿死。我看邻国的当政者没有一个比我更尽心尽力替老百姓着想的。然而，邻国的百姓并没有减少，而我国的百姓也没有增多，这是什么原因呢？”

孟子从容地回答道：“大王喜欢打仗，那我就用打仗来打个比方吧。战场上两军对垒，战斗一打响，作战双方短兵相接。经过一场激烈的拼杀后，被打败的一方就会有人丢盔弃甲地逃跑。逃跑的士兵中有的跑了一百步，有的跑了五十步。跑了五十步的士兵嘲笑那些跑了一百步的士兵是胆小鬼。大王，您认为这种嘲笑有道理吗？”

梁惠王说：“没道理，他们只不过没跑到一百步罢了，但这也是逃跑啊！”孟子说：“大王，既然您明白这其中的道理，那就好办了。如果大王能从此停止战争，专注于农业生产，增强国力，让百姓过上安定、丰衣足食的生活，那么各国的百姓自然就都愿意投奔您，国家也就会日益强盛起来了。”梁惠王听了孟子的话，赞许地点了点头。

小雨讲堂 有一年，孟子游说至齐国。当时的齐王昏庸无能，没有主见，轻信奸佞谗言，国内一片混乱。齐国的忠臣义士得知孟子将游说齐王，倍感鼓舞，将希望寄托在孟子身上，但孟子并未规劝齐王。没过多久，有人责备孟子明知齐王不明智，还不辅佐他。孟子听完他们的埋怨，回答说：“并不是大王不够聪明。即使是天下最容易生长的植物，晒它一天，又冻它十天，它也是不能够生长的。我和大王相处的时间有限，一旦我离开大王，那些奸佞小人又来动摇大王的决心，就算我现在能让大王萌生一些向善的念头，又有什么用呢？”

原文

作《中庸》，子思笔。
中不偏，庸不易。
作《大学》，乃曾子。
自修齐，至平治。

译文

写《中庸》这本书的是子思。“中庸”是待人处事要公平合理、不偏不倚的意思。写《大学》这本书的是曾参，他提出了“修身、齐家、治国、平天下”的主张。

知识链接

曾子，即曾参，是孔子门下七十二贤人之一，也是儒家学派的重要代表人物。曾子继承和发展了孔子的思想，主张的是以孝、恕、忠、信为核心的儒家思想、修齐治平的政治观、内省慎独的修养观、以孝为本的孝道观，这些思想观点至今仍具有宝贵的社会意义和实用价值。相传，曾子著有儒家经典《大学》，这是一部集中反映其政治思想、道德思想的代表作品，对为人、处事、治国等方面都有深刻的启迪性。

孔伋，字子思，是孔子的孙子，受教于曾子，孔子的思想学说由曾子传给子思，子思的门人再传给孟子。子思上承曾子，下启孟子，在孔孟“道统”的传承中有重要地位，后人把子思学派、孟子学派并称为思孟学派。《中庸》是关于人生哲学的一本书，它对中国人的人生观影响很大。

相关故事

曾子杀猪

有一天，曾子的妻子要去赶集，他们的儿子哭着要和她一块儿去。于是曾子的妻子骗儿子说："乖孩子，待在家里等娘，娘赶集回来给你杀猪吃。"孩子信以为真，欢天喜地地跑回家，乖乖地等待着母亲回来。

曾子回家后，孩子就嚷嚷着要父亲杀猪给他吃，曾子向儿子问明了事情的缘由，二话不说拿了刀就往猪圈走。这时，曾子的妻子刚好回到家，看到曾子拿着刀向猪圈走去，心中很是疑惑，她问曾子："你举着刀到猪圈去干什么？"曾子毫不犹豫地回答："杀猪。"妻子听了更是不解："不过年不过节的，杀什么猪呢？"曾子严肃地说："你不是答应过孩子要杀猪给他

吃吗？既然答应了就应该做到。”妻子说：“我只不过是骗骗孩子，和小孩子说话何必当真呢？”曾子说：“对孩子就更应该说到做到，否则，不是明摆着让孩子学着撒谎吗？大人都说话不算话，以后还有什么资格教育孩子呢？”妻子听后惭愧地低下了头。于是，夫妻俩真的杀了猪给孩子吃。

小雨讲堂 《大学》《中庸》《论语》《孟子》都是儒家经典著作，合称儒家之“四书”。

原文

《孝经》通，“四书”熟。

如六经，始可读。

《诗》《书》《易》，《礼》《春秋》。

号六经，当讲求。

译文

把《孝经》的道理弄明白了，“四书”熟习精通了，才可以去读“六经”那样的典籍。《诗经》《尚书》《周易》《礼记》《春秋》和《乐经》，并称为六经，这些是中国古代儒家的经典书籍，应当仔细阅读。

知识链接

《诗》即《诗经》，是我国历史上第一部诗歌总集，它收集了从西周初年到春秋中叶大约五百年间的诗歌 305 篇。《诗经》分为《国风》《雅》《颂》三个部分。《国风》收录了 15 个诸侯国的土风歌谣，共 160 篇。《雅》《颂》则是王室的祭歌和颂歌。《诗经》的风格淳朴自然，语言优美生动，具有很高的艺术价值。

《书》即《尚书》，是中国古代的一部历史文献汇编，主要记载商、周两代统治者的一些讲话。

《易》，又称《周易》，中国儒家典籍。《易经》虽属占书，但在其神秘的形式中蕴含着较深刻的理论思维和辩证观念。如它承认事物存在着对立面，承认对立事物的互相转化。《庄子·天下篇》将其概括为“易以道阴阳”。从《易经》中可以看出中国古代辩证思维的萌芽。

《礼》，又称《礼记》，中国古代儒家经典之一。西汉宣帝时，戴德、戴圣从秦汉以前各种礼仪论著中辑录了两个选本，分别被后人称为《大戴礼记》和《小戴礼记》，后者一般简称为《礼记》。《礼记》是研究中国古代社会情况、典章制度和儒家思想的重要著作。其内容分为两大类：关于礼乐的一般理论，礼乐制度。从《礼记》收录的资料中可以看到不同历史时期宗法制度的演变情况。它阐述的思想，包括社会、政治、伦理、哲学、宗教等各方面的内容，其中《大学》《中庸》《礼运》等篇有较丰富的哲学思想。

《春秋》是中国现存的第一部编年体史书，按年记载了春秋时鲁国从隐公元年到哀公十四年或十六年间的历史大事。该书略有残缺，尚保留 16000 多字。其纪年依据鲁国，记述范围却遍及当时整个中国。内容包括政治、军事、经济、文化、天文气象、物质生产、社会生活等诸方面。现存《春秋》分别载于《左氏传》《公羊传》《穀梁传》，三传经文大同小异。《春秋》经文极为简略，每年记事最多不过20条左右，最少的只有两条。这是由于当时的历史尚以史官口述为主，文字记载仅属起提示作用的备忘录。《春秋》虽然简短，却记载了准确的时间、地点、人物，从而赋予史官的口头讲述以史信价值，这已是史学发展的重大进步。汉以后，《春秋》在政治上、学术上都处于至高无上的尊位。历代许多儒生对其曲解依托，尽情发挥，使它在经学、史学领域，以至政治生活方面都产生过重大影响。

小雨讲堂 书有深浅难易之分，我们读书必须从浅易的开始读起，奠定求知、做人、处世的基础，再进一步学习更深的知识，切不可抱着一步登天的急躁心态去学习，不可一味追求精深的学问而忽视基础知识的积累。中国古代传统文化是个非常丰富而巨大的知识宝库，世界上有许多国家的学者从事着这方面的研究和探索。作为一个中国人，我们要珍惜祖先留下的宝贵遗产，并为此感到自豪。

原文

有《连山》，有《归藏》。
有《周易》，三易详。
有典谟，有训诰。
有誓命，《书》之奥。

译文

《连山》《归藏》《周易》这三部书合称为“三易”，用“卦”的形式来说明宇宙间万事万物循环变化的道理。《尚书》的内容包括六种文体。典，即国家的典章制度；谟（mó），即治国计划；训，即大臣劝谏君王的文书；诰（gào），即国君的施政文告；誓，即出兵征战的文告；命，即国君的命令。

知识链接

《连山》：又称《连山易》，相传由神农氏所创，成书于夏朝，其名初见于《周礼·春官宗伯·大卜》。《连山易》是以四季六气为旺衰指引，以六甲值符为吉凶判辨之坐标，以三元九运为时空转换来定义万物发展规律的自然法则，对以人为本的社会人类行为做了系统的规则总结并论证论述。目前此书已亡佚。

《归藏》：又称《归藏易》，相传由黄帝所创，目前此书已亡佚。

《周易》：相传周文王姬昌在伏羲创作的《先天易》的基础上，编写了《周易》。“周易”一名，最早见载于春秋时期的典籍。战国时，以解释《周易》为宗旨的《易传》成书。《周

易》《易传》并称为《易》。西汉尊孔子儒家著作为“经”，《周易》和《易传》被奉为经书之一。自此以后，《周易》《易传》《易》混合使用，有称《周易》，有称《易经》，有称《易》，其实含义一致，均指六十四卦及《易传》，一直沿用至今。周易是中国传统思想文化中自然哲学与人文实践的理论根源，是古人思想智慧的结晶，被誉为“大道之源”。《周易》内容十分丰富，对中国几千年来的政治、经济、文化等各个领域都产生了极其深远的影响。

小雨讲堂 伏羲是古代传说中的中华民族人文始祖，是中国最早有文献记载的创世神，也是中国医药鼻祖之一。相传伏羲人首蛇身，与女娲兄妹相婚，生儿育女。他根据天地万物的变化，发明创造了占卜八卦。

原文

我周公，作《周礼》。
著六官，存治体。
大小戴，注《礼记》。
述圣言，礼乐备。

译文

周公写了《周礼》，其中记载了当时朝廷的六种官制以及国家的组成情况。戴德和戴圣整理并注释了《礼记》，记述、宣扬了圣贤的言论，这使后代人知道了前代的典章制度和有关礼乐的情况。

知识链接

周公是周文王的第四个儿子，曾两次辅佐周武王东伐商纣王。他摄政十年，广招贤才，对有才能的贤士以礼相待。有时候，他正在用餐，如果有贤士来拜见，他会立即将口中的食物吐掉，整理好自己的仪表后，马上跑出去接见他们。正因为周公如此礼贤下士，才会有这么多贤能之士来帮助他，一起把国家治理得富强安乐。之后，周公又根据当时的需要，把官制分为六种，并且写成了儒家经典《周礼》，记载了先秦时期社会政治、经济、文化、风俗、礼法等内容。

原文

曰《国风》，曰《雅》《颂》。
号四诗，当讽咏。
《诗》既亡，《春秋》作。
寓褒贬，别善恶。

译文

《国风》《大雅》《小雅》《颂》，合称为“四诗”，是一种内容丰富、感情深切的诗歌，非常值得我们去诵读。周朝衰落，采诗制度被废除，《诗经》逐渐被人遗忘，后来孔子整理了《春秋》一书。在这本书中，隐含着对现实政治的褒贬，以便后人分辨善恶。

知识链接

《诗经》分为《国风》《雅》《颂》三大部分。《国风》是周南、召南、邶、鄘、卫、王、郑、齐、魏、唐、秦、陈、桧、曹、豳等15个诸侯国的土风歌谣，共160篇。《雅》是西周王畿地区的正声雅乐，共105篇，又分《大雅》和《小雅》。《大雅》31篇，用于诸侯朝会；《小雅》74篇，用于贵族宴享。《颂》是统治阶级宗庙祭祀的舞曲歌辞，又分《周颂》31篇，《鲁颂》4篇，《商颂》5篇，共40篇。

《诗经》中作品的来源：一是“采诗”，周朝有称为“行人”的采诗官，负责采集民间歌谣，由称为“太师”的乐官配好音律，给天子演唱，以供朝廷考察风俗民情和政治得失。由于采诗由官府主持，并得到各诸侯国的协助，所达到的地域相当广阔，所以，各地民歌得以集中起来。二是“献诗”，周朝公卿士大夫或出于讽谏，或出于歌颂，要向周天子献诗，并形成献诗制度。此外，还有些诗是下层贵族和小官吏的抒愤之作，被搜集来集中到太师手里。至于那些敬神祭祖和反映宴饮内容的诗歌，当是巫史等职官和有关贵族的奉命之作。

《诗经》创作于公元前 11 至公元前 6 世纪，但它反映的生活远远超过这个范围：上至神话传说时代，下至春秋，这个时期的方方面面，特别是周代社会的各个阶级、阶层，社会生活的各个领域，乃至人们的精神和心理，都作了全方位的形象的反映。它以其特有的丰富性和广泛性成为那个时代的一部百科全书。

名篇欣赏

诗经·国风·郑风·子衿

青青子衿，悠悠我心。纵我不往，子宁不嗣音？
青青子佩，悠悠我思。纵我不往，子宁不来？
挑兮达兮，在城阙兮。一日不见，如三月兮。

译文：

青青的是你的衣襟，悠悠的是我的心境。纵然我不曾去见你，难道你就要从此断了音信吗？青青的是你的佩带，悠悠的是我的情怀。纵然我不曾去见你，难道你就不能主动前来吗？我来回地踱着步子啊，在这高高的城楼上。一天不见你，就好像隔了三个月那么长！

小雨讲堂 《子衿》选自《诗经》中的《国风》，是郑地的一首抒写爱情的民歌，与《国风》中的其他爱情诗一样，语言婉转优美，情感直白强烈，描写真实直接。这首诗描写了一个在城楼上等候恋人的女子。全诗三段，前两段以“我”的口气自述怀人。“青青子衿”“青青子佩”，是以恋人的衣饰代指恋人。对方的衣饰给她留下深刻的印象，使她念念不忘，可见其相思萦怀之态。如今因受阻不能前去赴约，只好等恋人过来相会，可望穿秋水仍不见人影，浓浓的爱意不由转为惆怅与幽怨：纵然我没有去找你，你为何就不能捎个音信？纵然我没有去找你，你为何就不能主动前来？接着点明地点，写她在城楼上因久候恋人不至而心烦意乱，来来回回走个不停，觉得虽然只有一天未见面，却好像分别了三个月那么久。

原文

三传者，有《公羊》，
有《左氏》，有《榖梁》。
经既明，方读子，
撮其要，记其事。
五子者，有荀扬，
文中子，及老庄。
经子通，读诸史，
考世系，知终始。

译文

公羊高传下的《公羊传》，左丘明写的《左氏传》和榖梁赤传下的《榖梁传》，这三本书对阐释《春秋》起到了很大的作用，合称“春秋三传”。以上经书都读懂了之后，就可以去读诸子百家的著作了。读这些书时，我们要抓住重点，记住书中的主要内容。

在诸子百家中，有五个人最具代表性，就是荀子、扬雄、文中子王通、老子和庄子。学会了儒家经典和诸子百家之后，就可以读各种史书了。读史书时，必须要考察各朝各代的传承关系，了解历史盛衰的原因，才能从中吸取教训。

相关故事

沉机观变的庄子

庄子是我国历史上著名的哲学家，在儒家、法家、兵家、纵横家等流派积极入世、投身政治，介入诸侯混战、争霸天下之时，唯有道家的庄子避世隐居，潜心研究道学，继承和发展了老聃的思想，成为老子之后道家另一重要的代表人物。

庄子主张顺从天道，讲求崇尚自然，摒弃“人为”，因此，他始终过着自由自在、随心所欲的贫苦生活，但他始终乐在其中。有一次，家里实在揭不开锅了，庄子想起自己和监河侯有过一面之交，就去向他借米。

监河侯是个小气鬼，又是个诡计多端的人。他推辞不掉，就说：“好啊，等些时候吧。等我把封地上的赋税收来了，可以借您三百两黄金，好吗？”

庄子听后气得变了脸色，说：“我昨天来的时候，听到有人在道路中间呼唤。我寻找了半天，发现车轮碾出的泥槽里有一条小鲫鱼。我问它：‘鲫鱼，你怎么会在这里？’鲫鱼回答说：‘我是海神的臣子。我呼吸不过来了，您是否能拿一点水来救救我？’我说：‘可以。我将前往南方去拜访吴越的君主，游说他兴修水利开一条渠，将西江的水引到这里来接你，如何？’鲫鱼生气地责问说：‘我没有水，将无处安身。我只要一点水就能活了，你竟然这样说，干脆到卖鱼干的店里去找我吧！’”

监河侯只好说：“好吧，我先借点米给你。”

这个寓言便选自《庄子》，它告诉我们，当别人有困难的时候，要诚心诚意尽自己的力量去帮助，不能说大话，不切实际的空头支票是毫无用处的。

庄子临终时，他的学生想用很多珍宝给他陪葬。庄子说：“我以天地为棺椁，以时间为连璧，以星辰为珍珠，万物都可以作为我的陪葬。我的陪葬品难道还不够多吗？哪里还用得着这些东西！”学生说：“我怕乌鸦老鹰啄食您的遗体。”庄子说：“在地上被老鹰吃，在地下被蚂蚁吃，夺过乌鸦老鹰的吃食，再交给蚂蚁，这是多么偏心啊。”

庄子是一个很有智慧的哲学家和思想家，他想象力丰富，且能言善辩，善于用生动有趣的寓言来阐述哲理，引人入胜。由庄子及其后学所著的《庄子》一书集中反映了庄子哲学智慧、艺术观念、美学思想与人生观。

知识拓展

春秋时期随着旧思想体系的崩溃，社会各阶层开始从不同角度阐述自己的宇宙观和政治主张。到战国时期进入高潮，形成许多学术思想流派。人们把这些学术思想流派泛称为“百家”，把这些学派之间的学术论争称为“百家争鸣”。西汉司马谈《论六家要旨》论述了阴阳、儒、法、道、墨、名六家的政治主张。阴阳家认为，四时、八位、十二度、二十四节各有政令，顺之者昌，逆之者亡，春生、夏长、秋收、冬藏乃天道之大经。邹衍提出了“五德终始”说，认为人类社会的演变也像物质世界变化一样，遵循着木、火、土、金、水之间的相生相克关系，从而为朝代的更替作出了解释。儒家政治思想关注的是人，追求的政治目标是社会和谐与政治稳定。孔子的仁政和德政，孟子的王政，荀子的礼治，主旨均在于此。法家的旨趣是正君臣上下之分，宣扬君主集权和富国强兵。法家认为历史是进化的，主张因时施治，贬斥儒家祖述尧舜、宪章文武的政治保守主义。道家以虚无为本，因循为用。反映在政治层面，主张无为，主张“绝圣弃智”“绝仁弃义”，希望回到“小国寡民”“与禽兽居”的原荒状态中去。墨家宣扬兼爱，主张尚贤、尚同、非攻、非乐、节用、节葬等，反对儒家的礼治主义。名家讨论了名实关系，惠施主张“合同异”，公孙龙主张“离坚白”。百家争鸣使中国古代思想和学术达到了空前繁荣。秦统一中国后，“废先王之道，焚百家之言”，百家争鸣的学术局面受到沉重打击。汉武帝“罢黜百家”“独尊儒术”，标志着百家争鸣历史局面的终结。

小雨讲堂 “五子”中大家最熟悉的可能就是老子和庄子了。他们博学多才，就连孔子都曾经向老子请教过关于“礼”的问题呢。庄子则经常用寓言的形式表达思想，想象奇特丰富，情致滋润旷达，在中国的文学史上独树一帜。

原文

自羲农，至黄帝。
号三皇，居上世。
唐有虞，号二帝。
相揖逊，称盛世。

译文

伏羲氏、神农氏和黄帝这三位上古时代的帝王都能勤政爱民，因此后人尊称他们为“三皇”。尧和舜两位帝王被称为“二帝”。尧认为自己的儿子不贤德，于是把帝位让给了德才兼备的舜。在这两位帝王的治理下，天下太平，被后人称为“太平盛世”。

相关故事

舜帝孝感动天

舜，传说中的远古帝王，“五帝”之一，姓姚，有虞氏，名重华，史称虞舜。

相传舜的父亲又聋又瞎，性情十分暴躁，母亲则十分贤淑，舜在母亲的照料下，幼年过得相当快乐。但后来舜的母亲得了重病，不久离开人世。自母亲去世后，舜父亲的性情变得更坏。后来父亲娶了继室，生下了弟弟象。父亲对继母非常宠爱，而继母是心胸狭窄之人，常在父亲面前说舜的坏话，使舜常被父亲责打。

舜的父亲、继母和异母弟象多次想害死舜。有一次，继母

鼓动父亲让舜去修补谷仓仓顶，等舜进去后，继母等人就从谷仓下纵火，想要烧死舜，还好舜急中生智，手持两个斗笠跳下谷仓脱险。还有一次，父亲和继母让舜去掘井。舜在掘井时，父亲与弟弟却用土填井，想要埋了舜，好在舜聪明过人，掘了条地道逃脱。

舜的父亲、继母和弟弟可以说是坏事做尽了，可是舜对此毫不记恨，仍对父亲和继母恭顺有加，对弟弟十分友爱。他的孝行感动了天帝。舜在历山耕种，大象替他耕地，鸟代他锄草。帝尧听说舜非常孝顺，有处理政事的才干，把两个女儿娥皇和女英嫁给了他。后来尧让舜参与政事，管理百官，接待诸侯，经受各种锻炼。舜不但将政事处理得井井有条，而且十分重视人才。尧未能举用的“八元”“八恺”，早有贤名，舜任用“八元”的后代去四方布施教诲，任用“八恺”的后代主持与土地有关的事务。这些措施的落实，显示出舜的治国方略和政治才干。经过多年观察和考验，尧选定舜做他的继承人，将帝位禅让给舜。舜登天子位后，去看望父亲，仍然恭恭敬敬，同时封象为诸侯。

舜帝是我国的孝祖和德圣。他孝感天地，他的德治理论更是影响后世。

知识拓展

为什么中国人将中国称为“中华”或“华夏”，又将自己称为“炎黄子孙”呢？

华夏起源于华胥氏，她是燧人氏的妻子，伏羲氏和女娲氏的母亲。相传她踩雷神脚印，感应受孕，生下伏羲和女娲，传嗣炎帝黄帝，从而成为中华民族的始祖母。伏羲氏是古代传说中的中华民族人文始祖，是中国有古籍记载的创世神。

相传伏羲人首蛇身，与女娲兄妹相婚，生儿育女，他根据天地万物的变化，发明创造了占卜八卦，创造出文字，结束了“结绳记事”的历史。他又结绳为网，用来捕鸟打猎，并教会了人们渔猎的方法，发明了瑟，创作了曲子。而女娲氏因“女娲补天”“女娲造人”等神话传说而更广为人知，被奉为大地之母。

黄帝和炎帝神农氏皆为华胥氏之后。后在阪泉之战中，炎帝部落战败于黄帝部落，为其所兼并，两支部落形成联盟。后来他们在涿鹿之战中打败了东夷集团的九黎族首领蚩尤，把联盟势力扩大至今日的山东境内。后又以黄帝部和炎帝部为主体，与山东境内的部分东夷部落组成了更庞大的华夏联盟，华夏族源基本形成，这就是“华夏”或“中华”的来源。

随着中国历史的不断演进，黄帝和炎帝的子孙支系越来越庞大，遍布中华大地，因此，我们称自己为“炎黄子孙”。

小雨讲堂 关于“三皇五帝”到底指的是谁，在历史上众说纷纭，并无定论。

三皇：《史记·秦始皇本纪》中以天皇、地皇、泰皇为“三皇”，《史记·补三皇本纪》中以天皇、帝皇、人皇为“三皇”，先秦古籍《世本》中以伏羲、神农、黄帝为“三皇”，《通鉴外纪》以伏羲、神农、共工为“三皇”，《尚书大传》中以燧人、伏羲、神农为“三皇”。

五帝：主要有三种说法：第一种是指伏羲、炎帝、黄帝、少昊、颛顼；第二种是指少昊、颛顼、帝喾、尧、舜；第三种是指黄帝、颛顼、帝喾、尧、舜，这是现在普遍为人所接受的一种说法。

原文

夏有禹，商有汤。
周文武，称三王。

译文

夏朝的开国君主大禹，商朝的开国君主商汤，周朝的周文王和周武王，这几个德才兼备的君王被后人称为“三王”。

相关故事

大禹治水

尧在位的时候，黄河流域发生了很大的水灾。庄稼被淹，房子被毁，老百姓苦不堪言。于是尧召开部落联盟会议，商量治水的问题。

四方部落首领都推荐鲧（gǔn）来治水，尧对鲧不是很信任。但首领们说：“现在恐怕没有比鲧更能干的人才，不妨就试一下吧！”尧勉强同意了。

鲧花了九年时间，也没有把洪水制伏。鲧死后，尧的继承人舜命令禹接任父职，继续负责治理洪水。

禹改变了父亲的做法，不再硬性阻挡洪水，而是采取疏导的方法治水。当时，黄河中游有一座大山，叫龙门山，挡住了河水的去路。奔腾东下的河水常常溢出河道，引发水灾。禹到了那里，就和老百姓一起劳动，戴着箬帽，拿着锹，带头挖土、挑土，疏通河道。

传说禹为了治水，奔波不停，多次经过自己的家门都没进去。

经过十三年的努力，禹终于带领群众将龙门山劈开一个大大的口子，并将此山开凿出三道门，把洪水引到了大海里。从此，河水畅通无阻，地面上又可以种植庄稼了，而百姓也因此过上了幸福富足的生活。后来，因大禹治水有功，舜帝将帝位禅让给了他。在诸侯的拥戴下，大禹正式即位，建立了中国历史上第一个王朝——夏朝。

知识拓展

夏王朝是中国古代第一个王朝。存在于公元前2070年至约公元前1600年，延续约400年。综合《竹书纪年》《史记·夏本纪》等记载，黄河中游的一个强大部落联盟的首领禹死后，其子启用暴力夺取了领袖之位，建立了夏王朝，开始了夏后氏的统治。虽然夏后启是夏王朝的创建者和第一位君主，却因为其父禹是孕育了新朝的部落联盟首领，所以《史记·夏本纪》从禹讲起，其他传统史学著作亦多如此。

关于夏王朝的疆域，大致西以华山为界，北达山西壶关，东至河济二水交汇处，今武陟、荥阳、原武一带，南接湖北。夏朝已经进入青铜时代，社会经济有了长足的进步，国家机构逐渐调整完备，在一个较前更为广大的疆域内，形成统一的政治核心。大量人力、物力、财力集中到王都，尖端手工业技术迅速发展，带动社会生产的全面提高。

夏朝的文字在已发掘材料中尚不多见，但夏朝当已有了文字。在山西陶寺遗址出土了一件陶扁壶残器，上面的“文”字与甲骨文的写法相同，这表明，夏朝的文字是存在的。

小雨讲堂 禅让是中国古史传说时代对原始社会首领职位传承习惯法的概括。基本特点在于继任人选必须经过公众推举和议事会认可，尽管首领之子不乏被推举的机会、存在数代领袖人物出自同一家族或家庭的事实，但这种继承法的关键在于任何人（包括领袖之子）都没有法定继承权。由于原始社会生存斗争的艰难，为保证群体的生存，首领人物必须具有组织公共事务才能，而且能在遵守原始社会道德方面起典范作用。所以经过推举讨论而“传贤”，作为一种习惯法，在世界各地的古代社会广泛存在过。

原文

夏传子，家天下。
四百载，迁夏社。
汤伐夏，国号商。
六百载，至纣亡。

译文

夏禹将王位传给了自己的儿子启，从此开始了父传子的世袭制度，由家族统治天下。经过四百多年，夏朝灭亡。商汤率领大军讨伐夏朝，建立了商朝。商朝延续了六百年，到纣王时灭亡。

相关故事

伊尹助商灭夏

夏朝末年有个名叫伊尹的人，自幼聪明颖慧，勤学上进，虽耕于有莘国之野，却乐于尧舜之道；既烧得一手好菜，又深谙治国之道。他见有莘氏国君贤德，想劝说他起兵灭夏。为了接近有莘国国君，他做了有莘国国君的贴身厨师。经过长期观察，伊尹发现，有莘氏为夏禹之后，血缘难以割断，且有莘国国小力弱，不足以担当灭夏重任，于是他决定投奔汤。而汤也对伊尹仰慕已久，想要收为己用，于是借娶有莘氏之女的机会，让伊尹作为陪嫁媵臣，将其带回了商地，来辅佐自己，并与他一起谋划灭夏的大计。

伊尹说："现在夏桀还有实力，我们先不去纳贡，试探一下，看他会怎么样。"商汤按照伊尹的计策，停止了对夏桀的进贡。夏桀果然大怒，命令九夷发兵攻打商汤。伊尹见九夷还听从夏桀的指挥，赶快让商汤向夏桀请罪，恢复了进贡。

过了一段时间，九夷的一些部落忍受不了夏朝的压榨剥削，逐渐叛离夏朝。伊尹决定再次停止纳贡。夏桀再次起兵，但这次他失去九夷的支持，很快陷入了孤立无援的困境。

伊尹见灭夏的时机已经成熟，便向商汤献策，准备出兵伐夏。商汤和伊尹召集商军将士，汤亲自向大家誓师。商汤说："我本不愿造反，实在是夏桀作恶多端，上天的意旨要我消灭他，我不敢不听从天命啊！"接着他又宣布了赏罚的纪律，鼓舞士气。将士们恨不得夏快快灭亡，所以作战都非常勇敢。

商汤联合各部落兴师讨伐夏桀，天下百姓纷纷响应。商汤的军队一路高歌猛进，迅速逼近夏都。双方展开激战，夏军

一败涂地。就这样，夏朝灭亡，商朝建立。夏桀被俘后被流放，直到死去。

知识拓展

说起羿，很多人都会想到“后羿射日”与“嫦娥奔月”的故事。

后羿射日：传说尧帝在位期间，天空中曾一下子出现了十个太阳，把土地都烤焦了，庄稼也枯干了，人们热得喘不过气来，很多人倒在地上昏迷不醒。因为天气酷热，一些怪禽猛兽也都从干涸的江湖和火焰似的森林里跑出来，到处残害百姓。于是天帝赐给羿一张红色的弓，十支白色的箭，羿从肩上除下那红色的弓，取出白色的箭，一支一支地向骄横的太阳射去，顷刻间，十个太阳被射下了九个，不久便恢复了适宜的气候，万物重新得以生长。

嫦娥奔月：后羿射下九个太阳，受到百姓的尊敬和爱戴，不少志士慕名前来投师学艺。奸诈刁钻、心术不正的逢蒙也混了进来。后羿向西王母求得一包不死药，交与嫦娥保管。后羿恶徒逢蒙（传说后羿后来就死于此人箭下）趁后羿外出，逼迫嫦娥交出不死药，危急之时，嫦娥吞下不死药，不多时便飘离地面，飞到月亮上成了仙。

这两个故事一直是国人熟知的神话故事，然而事实上真正射日的并非后羿，而是大羿。历史上有一个大羿，一个后羿，前者是帝尧时的神射手，后者是夏朝东夷有穷氏首领，也善于射箭，所以人们把他比作远古的大羿。所谓的“后羿射日”，更准确地讲，应该是“大羿射日”。

小雨讲堂 自古以来，人们把用美色迷惑君主而贻误国家甚至导致亡国的女子称为“红颜祸水”。历史上有名的“红颜祸水”有夏朝的妺喜、商朝的妲己、西周的褒姒、春秋的西施、西汉的赵飞燕、三国的貂蝉、唐朝的杨玉环等。“红颜祸水”这个词是带有贬义的，甚至是有辱女性人格的。一个国家的灭亡有很多综合因素，把亡国的责任全部推到某一个女性身上是很不合理的。

原文

周武王，始诛纣。
八百载，最长久。
周辙东，王纲坠。
逞干戈，尚游说。

译文

周武王诛杀了商纣王，建立周朝。周朝前后延续了八百多年，是历史上统治时间最长的王朝。自从周平王东迁国都后，王朝的统治开始衰落。诸侯国之间时常发生冲突而游说之士也开始大行其道。

相关故事

武王伐纣灭商

周文王去世以后，其子姬发即位，就是周武王。周武王即位后，继承父亲周文王的遗志，拜太公望即姜子牙为师，继续整顿内政，扩充兵力。

这时商纣王仍毫无觉察。他信奸臣、宠妲己、杀忠臣，越来越残暴。商朝的贵族比干和箕子、微子等人非常担心，苦苦劝说纣王不能再这样胡闹下去。纣王不但不听，反而毫无人性地把叔父比干杀了，还命人剖开比干的胸膛，把他的心掏出来，说要看看圣人的心是否有七窍。从此，纣王身边的大臣再也不敢进谏了。就连身为纣王兄长的微子都认为大商将亡，不再徒劳上谏，一走了之。

大约公元前1046年，周武王在牧野举行誓师大会，列数了商纣王的许多罪状，鼓动军队与商纣王决战。此时，商纣王才意识到事情的严重性，终于停止歌舞宴乐，与他手下的贵族大臣们一起商议对策。当时商朝军队的主力还在其他地区，一时调不回来，只好仓促地将大批奴隶和俘虏武装起来，凑了一支军队奔赴牧野。这些人早就受够了以纣王为首的奴隶主的压迫，哪里会为纣王卖命？当他们与周军相遇，这支由奴隶和俘虏组成的军队便立即掉转矛头引导周军杀向纣王。顷刻间，商军土崩瓦解。纣王大败，连夜逃回都城朝歌。后来，纣王见大势已去，只好登上鹿台，自焚而死。

周武王率大军进入朝歌城。商朝老百姓扶老携幼站在道路两旁欢迎周军入城。武王命人把鹿台里还未烧毁的金银珠宝拿出来分发给百姓，还下令打开粮仓，让群众前来领取粮食。朝歌城里欢声四起，武王受到广大民众的拥护。

周武王占领商都以后，建立周朝，实行分封制，巩固统治。

知识拓展

什么是青铜？

青铜是红铜（纯铜）与锡、铅的合金，熔点为 700 ~ 900℃，低于红铜的 1083℃。青铜性能良好，含锡 10% 的青铜，硬度是红铜的 4.7 倍。这些优点使青铜得以广泛应用，并很快传播。青铜出现后，对社会生产力的发展起了划时代的作用。

什么是青铜时代？

青铜时代是以使用青铜器为标志的人类物质文化发展阶段。处于铜石并用时代之后，早期铁器时代之前。在世界范围内，青铜时代大约始于公元前 4000 年，至公元初年结束。今伊朗南部、土耳其和美索不达米亚一带进入青铜时代的时间最早，前第四千纪初已使用青铜器。欧洲在前第四千纪中，古印度和埃及在前第三千纪也有了青铜器。埃及、北非以外的非洲使用青铜较晚，大约不晚于前 1000 年至公元初年。美洲直到将近 11 世纪才出现冶铜中心。

在青铜时代，世界上青铜铸造业形成几个重要的中心。这些地区的青铜时代与文明的到来和早期国家的形成、发展基本同步，如美索不达米亚、爱琴海地区、埃及、古印度、中国等，此时都是王权产生和国家繁荣的时期，并都已出现文字。

商、周是中国青铜时代的鼎盛时期，其特点是，青铜未被主要用于制作生产工具，而是用来制作礼器和兵器，即被用于维护王权的统治。尤其是青铜礼器，它是代表性的器类，青铜礼器发达是中国古代青铜文明的显著特征。

小雨讲堂 《封神演义》又名《封神榜》，是一部中国古典神魔小说。这部小说主要以姜子牙辅佐周室（周文王、周武王）讨伐商纣的历史为背景，描写了商周之战的曲折过程，其间神怪迭出，各有匡助。小说的最后以纣王自焚，姜子牙封神，周武王分封列国结尾。

《封神演义》发挥神话传说善于想象夸张的特长，赋予各类人物以奇特的样貌，在艺术上有一定特色。

原文

始春秋，终战国。
五霸强，七雄出。

译文

东周的历史从春秋时期开始，于战国时期结束。春秋时出现了五个争夺霸主地位的诸侯，战国时期出现了七个割据称雄的诸侯。

相关故事

管仲辅佐齐桓公称霸

周王室东迁之后，势力一落千丈，诸侯不再听从天子的命令，不再朝觐和纳贡。到了周桓王继位的时候，郑国的郑庄公不服，不去朝觐，于是周桓王带领周军及陈国、蔡国、虢国、卫国四国部队讨伐郑国，最终郑国部队力挫联军，周桓王战败，最惨的是他还被郑国大将一箭射中了肩膀。郑国造反不能被惩治，联军反而被“修理”了一顿，周桓王的威信自然一落千丈。从此周天子只是名义上的天下共主，各诸侯不再把他当回事了。稍后，为了夺得更多的土地和人口，各路诸侯纷纷崛起，拉开了春秋争霸的序幕。

齐襄公在位期间，国政混乱，管仲和鲍叔牙这对好朋友见大事不妙，就分别带着自己辅佐的王子逃亡。管仲和召忽带着公子纠逃到了鲁国，鲍叔牙带着公子小白逃到了莒国。后齐襄公被杀，齐国大乱，需要迎立新主来稳定国内局势，于是从国外召回外逃的几位公子，谁先到齐国就继任为王。齐国宗室事先通知了公子小白回国，而鲁国闻知后也派兵护送公子纠赶往齐国即位，派管仲带兵堵截莒国到齐国的路，管仲一箭射中小白的铜制衣带钩。小白假装倒地而死，管仲派人回鲁国报捷。于是鲁国就不紧不慢地送公子纠回国，过了六天才到。这时小白已日夜兼程抢先回国，登上君位，是为桓公。

齐桓公即位后，想要杀死管仲以解射钩之恨，鲍叔牙劝谏齐桓公说："臣幸运地跟从了君上，君上现在成了国君。如果君上只想治理齐国，那么有叔牙和高傒就够了。如果君上想成就天下霸业，那么非重用管仲不可。管仲到哪个国家，哪个国家就能强盛，不可以失去他。"

于是，齐桓公拜管仲为相。管仲相齐后，尽心辅佐齐桓公，对齐国很多方面都进行了大刀阔斧的改革。在政治上，他推行国野分治的三国五鄙之制；在经济上，实行租税改革，采取了若干有利于农业、手工业发展的政策；在管理上，他主张礼法并用，以礼使人知廉耻，以法使人守规矩。在国内政治经济形势得到稳定和改善的基础上，管仲积极促使齐桓公采取尊王攘夷的方针，以建立霸权。后来，齐桓公召集各诸侯国国君在葵丘会盟，"九合诸侯，一匡天下"。周王室也

派人参加，正式承认了齐桓公的霸主地位，齐桓公成为春秋时期第一个霸主。

知识拓展

为什么把周朝划分为西周和东周呢？

公元前 11 世纪，西伯侯姬昌之子姬发率诸侯联军讨伐残暴的商纣王，并在牧野之战中击败了商纣王的军队，建立了周朝，是为周武王。由于周朝定都于地处西北的镐京，故历史上称其为“西周”。

到了西周第十二任君主周幽王，他是一个荒淫无道的昏君，为取悦爱妃褒姒竟烽火戏诸侯，失信于各诸侯，又打算废黜王后申后和太子姬宜臼，立宠妃褒姒为王后，并立褒姒所生之子为太子。申后的父亲申侯大怒，联合缯国、犬戎杀死周幽王，灭了西周。太子姬宜臼在诸侯的拥立下重新继位，定都于洛邑，为区别于西周，史称“东周”。

为什么把东周分为春秋和战国两个时期呢？

东周前期，鲁国史官把当时各国上报的重大事件，按年、季、月、日记录下来，一年分春、夏、秋、冬四季记录，简括起来就把这部编年史命名为《春秋》。《春秋》记录了从鲁隐公元年（公元前 722 年）到鲁哀公十四年（公元前 481 年）共两百多年间的大事。由于它所记历史的起止年代大体上与客观的历史发展时期相当，所以历代史学家便把《春秋》这个书名作为这个历史时期的名称。

春秋以后，齐、楚、燕、韩、赵、魏、秦七大诸侯国不断对抗、兼并，是继春秋时期之后的大变革时期。“战国”一词在先秦典籍中已有出现，司马迁在《史记》中提出了春秋和战国的时间分界：春秋为公元前 770—公元前 476 年，战国为公元前 475—公元前 221 年。

小雨讲堂春秋战国时期兴起了两种特殊的外交关系——秦晋之好与质子外交。

所谓“秦晋之好”，指的是春秋时期，秦晋两国之间不止一代互相婚嫁，是一种政治上的联姻，是国家之间的联合。后泛指两家联姻。

所谓“质子外交”，指的是国君将自己的子女等亲近家属送到国外，主要是敌对国家，在战略上形成外交妥协。

“秦晋之好”和“质子外交”在春秋、战国时期都是极为重要的政治和外交手段。周王室东迁之后，势力逐渐减弱，而各国诸侯逐渐崛起，进入了弱肉强食的诸侯争霸的时代。然而，无论是春秋时期还是战国时期，诸侯国之间的势力有大有小，势力弱的小国可以说是在夹缝中求生存。因此，很多势弱的国家都会选择与强国联姻或者交换质子，以求一时的安宁。小国追求大国的庇护或帮助，这是那个时代的常态，也是那个时代的特色。

原文

赢秦氏，始兼并。
传二世，楚汉争。

译文

战国末年，秦国吞并了其他六个诸侯国，建立了统一的秦朝。秦国帝位传到二世胡亥时，天下又开始大乱，形成了楚汉相争的局面。

相关故事

荆轲刺秦王

战国末期，秦国加快了统一天下的步伐，先后攻下了韩、赵两国，燕国岌岌可危。太子丹别无他策，只好请来壮士荆轲，派他前去行刺秦王。荆轲以燕国特使的名义，带上燕国督亢的地图和秦国叛将樊於期的首级作为见面礼，并以勇士秦武阳为助手，一同前往秦国。

秦王听说燕国愿意臣服，非常高兴，立即在咸阳宫召见荆轲。荆轲捧着装有樊於期头颅的匣子走在前面，秦武阳捧着装有地图的匣子跟在后面。在上台阶时，秦舞阳紧张得双手颤抖，脸色苍白。一旁的侍卫大声喝道："使者的脸色怎么变了？"荆轲回头一看，秦武阳果然脸色煞白。荆轲镇定地说："他是北边蛮夷之地的粗人，没见过世面。"于是荆轲接过秦武阳手中装有地图的匣子，独自步入殿堂。荆轲以观看地图的名义让秦王靠近，自己慢慢将地图展开，展到尽头时，露出了一把淬

过烈性毒药的锋利匕首。秦王大惊失色，慌忙躲闪。荆轲一个箭步上前，左手抓住秦王的衣袖，右手握紧匕首，奋力向秦王刺去。秦王使劲挣脱，撕裂了衣袖，他想拔剑还击，可是剑太长，慌忙之中未能拔出来，只好绕着铜柱躲避。荆轲紧追不舍。按秦国的规定，大臣不能带着武器上殿；那些持有兵器的侍卫向来被要求站在殿外，没有秦王的命令不得进殿，因此一时无人救驾。情急之中，侍立一旁的御医夏无且（jū）将药袋砸向荆轲，秦王这才有机会抽出剑来向荆轲刺去。荆轲被砍断了腿，倒下了，他奋力用匕首投击秦王，却未击中。怒不可遏的秦王用剑对着荆轲乱刺一通，荆轲靠着柱子一阵大笑，抱憾而死。

荆轲刺秦王的事件给了秦国一个进攻燕国的借口。公元前226年，大将王翦率秦军占领了燕国的大半国土。燕王退守辽东，杀太子丹以求和。秦在燕故地设渔阳郡、右北平郡、辽西郡。第二年，又设上谷郡、广阳郡。公元前222年，燕国为秦国所灭。

知识拓展

秦始皇为后世留下了哪些物质文化遗产？

一、万里长城

长城是中国古代的军事防御工程，修筑的历史最早可追溯到西周时期。当时，为了防御北方游牧民族俨狁的袭击，周王朝曾筑连续排列的城堡“列城”以作防御，这就是长城的雏形。

到了春秋战国时期，列国为了争霸，互相防守，根据各自的防守需要在边境上修筑起长城，最早建筑的是公元前7世纪的楚国长城，当时称作“方城”，其后齐、中山、魏、韩、秦、燕、赵等大小诸侯国都相继修筑了这种诸侯互防长城，用以自卫。其中，秦、燕、赵三国和北方强大的游牧民族毗邻，在修筑诸侯互防长城的同时，又在北部修筑了“拒胡长城”，以后历代君主几乎都加固增修。

秦始皇统一六国后，为了防御北方的匈奴，将原先的秦、赵、燕长城连接起来，筑起了西起临洮，东到辽东，蜿蜒万余里的长城，即“万里长城”。秦始皇使用了近百万劳力修筑长城，而且在修筑长城时饿死、累死民工无数，“孟姜女哭长城”的故事便来源于此。秦以后，许多朝代都对长城进行过修筑和加固。至今保存得比较完整的是明代修建的长城，所以人们现在一般说的长城指的是明长城。

长城工程浩大，规模宏伟，体现了中华民族的伟大气魄，是中国古代文化的象征，被列为世界文化遗产。

二、秦始皇陵

秦始皇作为中国历史上第一位皇帝，不但生前过着极尽奢华的生活，就连死后也要将生前的富贵带到地下，因此他即位后不久，便开始耗费巨大人力物力为自己修建陵寝。秦统一六国后，建陵工程规模扩大，征调劳力七十余万人，前后延续三十余年。直至秦亡，陵园尚未全部竣工。秦始皇陵有内外两重夯土城垣，象征着帝都咸阳的皇城和宫城。陵冢位于内城南部，为平顶的四方锥形台体，三层阶梯状，夯土筑造，现南北长350米，东西宽345米，高35.5米。据史料记载，秦陵中还建有各式宫殿，陈列着许多奇异珍宝。秦陵四周分布着大量形制不同、内涵各异的陪葬坑和墓葬，现已探明的陪葬坑有数百个，其中包括举世闻名的“世界第八大奇迹”兵马俑坑。1987年，秦始皇陵及兵马俑坑被列为世界文化遗产，成为中国古代辉煌文明的一张“金名片”。

小雨讲堂 秦始皇统一六国后，开始修建万里长城、灵渠、阿房宫及秦始皇陵等规模浩大的工程，耗费了大量人力物力，秦二世继位之后更是变本加厉，当时天下赋税繁重、民不聊生。

秦二世元年（公元前209年）秋，陈胜、吴广等九百余名戍卒被征发前往渔阳戍边，途中在蕲县大泽乡（今安徽省宿州市）为大雨所阻，不能如期到达目的地。情急之下，陈胜、吴广领导戍卒杀死押解戍卒的军官，发动兵变。这是中国历史上第一次大规模的农民起义，被称为“大泽乡起义”。

后因陈胜得势后骄傲，加上秦军强势镇压，起义最终以失利告终，但是它从根本上动摇了秦王朝的统治，为之后项羽、刘邦灭秦创造了有利条件。

原文

高祖兴，汉业建。
至孝平，王莽篡。

译文

汉高祖刘邦打败了项羽，建立汉朝。汉朝的帝位传了两百多年，到了汉平帝时，被王莽篡夺了。

相关故事

四面楚歌

秦末陈胜吴广起义虽然失败，但是大大动摇了秦王朝的统治。之后各路诸侯并起，掀起了声势更为浩大的大起义，其中尤以项羽和刘邦两路人马势力最为强劲。项羽在巨鹿之战中破釜沉舟，以数万人马与秦军四十万大军决一死战，结果大败由章邯、王离率领的秦军主力，向关中挺进。与此同时，刘邦大军已经攻破秦都咸阳，于是项羽加快脚步攻破函谷关，将四十万大军驻扎在新丰鸿门，并设宴想要除掉刘邦，但是项羽终究过于妇人之仁和刚愎自用，放虎归山，让刘邦活着回去了。项羽进入咸阳后，引兵屠戮咸阳，杀秦王子婴，火烧秦王宫，引起了百姓的不满，这为其埋下了隐患。后项羽拥立义帝楚怀王，自立为西楚霸王，并对刘邦等人进行了分封。自鸿门宴后，项羽与刘邦之间的敌对之势已很明显，之后，项羽更是视刘邦为眼中钉，想要除之而后快。但是项羽过于优柔寡断，又刚愎自用，不懂得笼络人心，致使身边的谋臣良将纷纷出走。同时他过于凶暴，过分杀戮，致使民心背离，因此，原本占据极大优势的项羽渐渐转至劣势地位。

因项羽自称西楚霸王，刘邦被封为汉王，因此，他们之间的战争被称为“楚汉之争”。楚汉之争一打便是四年，双方都已精疲力竭，于是项羽和刘邦决定暂时休战，并约定以鸿沟为界，各据东西，互不侵犯。

后来刘邦听从张良和陈平的规劝，觉得应该趁项羽由盛转衰、未加防备之机将其彻底消灭。于是，刘邦约了韩信、彭越等人，会合大军追击正在向东前往彭城的项羽部队。汉军派重兵将项羽紧紧围在了垓下。这时，项羽手下的兵士已经很少，粮食也快没有了。夜里，张良让外围的汉军唱起了楚地歌曲，瓦解楚军军心。项羽听见四周响起的楚地歌曲后，吃惊地说：“刘邦已经占领楚地了吗？为什么他的部队里有这么多楚人呢？”

这动人心弦的楚地歌曲让项羽思绪万千。他无法入眠，便到军帐中喝酒。他回想自己的一生，有美丽的虞姬常伴身边；

有宝马乌骓常骑胯下。而今却深陷重围，孤立无援。于是项羽慷慨悲歌：“力拔山兮气盖世，时不利兮骓不逝。骓不逝兮可奈何！虞兮虞兮奈若何！”项羽唱了一遍又一遍，虞姬也陪着他一起唱。项羽泪流数行，身边侍卫也都随之哭泣，谁也不忍抬头去看他。天亮之后，项羽骑上马，带着仅剩的八百名骑兵，从南突围逃去。项羽边逃边打，最后走投无路，在乌江江畔自刎而死。

知识拓展

楚汉之争中出现了很多成语，下面让我们一起盘点一下吧。

破釜沉舟：巨鹿之战时，项羽率数万楚军前去救援被秦军主力围困的赵王歇，但当时由秦国大将章邯和王离率领的秦军有四十万之多。在敌众我寡的不利形势下，项羽率楚军渡过漳水后，下令把船全部凿沉，把做饭的器具全部毁坏，只带着三日粮草与秦军作战，项羽士卒因此以必死之心奋勇向前，楚军因此战斗力大大提升，个个以一当十，杀得秦军片甲不留，最终楚军以少胜多，取得了巨鹿之战的胜利。现比喻不留退路，非打胜仗不可，下决心不顾一切地干到底。

作壁上观：由章邯带领的秦军主力部队在围攻赵国于巨鹿时，赵王派人向各地诸侯求救，虽然各地诸侯都派兵前来，但是大都惧怕秦军的强大，躲在军营的壁垒里不敢出来。后项羽率领英布、蒲将军等几万楚军向秦军发起进攻时，其他诸侯国的将领还是只敢躲在壁垒里观战，直到项羽打败秦军之后，他们才敢出来。现比喻在一旁观望，不出手相助。

项庄舞剑，意在沛公：巨鹿之战后，刘邦先于项羽攻破咸阳，这让心高气傲的项羽很不高兴，在谋士范增等人的建议下，项羽在鸿门设宴招待刘邦，想在宴会上刺杀刘邦。在宴会上，项羽的谋士——亚父范增几次示意项羽击杀刘邦，但项羽因不忍而没有理会。于是，范增便让项庄以舞剑助兴为名，借机刺杀刘邦。刘邦的谋臣张良看到形势危急，就把门外的樊哙召进来，说：“现在项庄拔剑舞，其意常常在沛公。”于是樊哙带剑拥盾入室，指责项羽不守信义，项羽为樊哙的气势所折服，刘邦借机脱离险境。现比喻说话和行动的真实意图另有所指。

四面楚歌：项羽兵败垓下后被刘邦军队四面包围，刘邦军队在晚上高声唱起了楚地的歌，项羽的部下听到歌声后都非常伤心，以为刘邦已经平定楚地，军心也因此瓦解。现比喻陷入四面受敌、孤立无援的窘迫境地。

沐猴而冠：项羽攻占并烧毁咸阳之后，想要东归彭城，回乡炫耀。韩生听到后说：“人们都说楚国人像是戴了帽子的猕猴，果真是这样。”项羽听见这话，便把韩生扔进锅里煮死了。现比喻徒有其表，形同傀儡；或是讥嘲一个人为人愚鲁无知，徒有皮囊，常用来讽刺投靠恶势力、窃据权位的人。

衣锦夜行：项羽率军破咸阳之后，一把火烧了秦朝宫室，然后，他带着大批财宝和俘虏归乡炫耀。他说：“富贵了不回故乡，就像是穿着锦绣衣裳在黑夜中行走，有谁能知道呢？”现比喻不在人前显耀荣华富贵。

小雨讲堂 楚汉之争，为什么项羽失败了？

“天时”“地利”是影响战争胜负的重要因素，但“人和”是决定性因素。项羽之所以会失败，主要还是因为他不善于笼络人心。项羽不知人善任，不信任手下，不爱听取意见，又吝于封赐，不懂得惜才、爱才，以致韩信、陈平、英布等将领先后归汉，谋士范增也忧愤离去；同时他也不善于团结反汉同盟，最终导致诸侯叛乱。

反观刘邦，则是知人善任，虚心纳谏，只要是有才能的人他都任用，只要是有道理的话他都虚心接受。在他手下，运筹帷幄有张良，安抚百姓有萧何，率军打仗有韩信……此外，他还善待百姓，在攻入咸阳后没有像项羽那样烧杀抢掠，而是约法三章，绝不扰民，这些举动为他赢得了民心，正所谓“得民心者得天下”，之后刘邦得胜也是可以预见的了。

原文

光武兴，为东汉。
四百年，终于献。

译文

刘秀推翻了王莽的统治，恢复了汉朝，史称东汉。西汉和东汉一共四百多年，到汉献帝的时候灭亡了。

相关故事

得陇望蜀

西汉末年，王莽篡权，建立新朝，推行新政，不但损害了广大地主阶级的利益，加剧了统治阶级内部矛盾，还加重了老百姓的赋税、徭役负担，使得民怨四起，最后赤眉军、绿林军等农民起义军纷纷揭竿而起，一场声势浩大的农民起义就此拉开了序幕。汉朝宗室出身的刘秀也趁势起兵，通过依附更始政权逐渐壮大了自己的实力。新莽王朝覆灭之后，刘秀与更始帝之间的矛盾日益加剧，最后刘秀脱离了更始政权，自立称帝，建立了东汉政权，是为汉光武帝。

光武帝刘秀刚建立东汉政权时，所占据的地盘并不大，四周还有不少拥兵自立的割据势力，因此刘秀也需要经常率军出征。当时占据巴蜀的公孙述和称霸陇西的隗嚣势力很强盛，两人相互勾结，对抗朝廷。刘秀决定亲自出马，先率军攻打隗嚣，随行的是大将军岑彭。岑彭是刘秀的一员爱将，跟随刘秀南征北战，立下过赫赫战功。汉军把隗嚣围困在西

城，同时把公孙述的增援部队围困在上邽。刘秀见胜券在握，又担心自己长时间离开京城，会有人趁机作乱，便急切地赶回洛阳。为督促岑彭奋勇作战，刘秀回洛阳后，下了一道诏书，命令岑彭说："攻下西城和上邽后，你便率军攻打蜀地，助我完成统一大业。人心苦于不能知足，我也是如此，刚平定陇地，又想得到蜀地。"岑彭没有辜负刘秀的重托，最终平定了陇、蜀二地，为统一大业做出了贡献。

知识拓展

东汉初年，帮助汉光武帝打天下的"云台二十八将"都有哪些人？

邓禹：云台二十八将之首，年轻时曾在长安学习，与刘秀交好。后跟随刘秀起义打天下，提出"延揽英雄，务悦民心，立高祖之业，救万民之命"的方略，刘秀"恃之以为萧何"。邓禹协助刘秀建立东汉，“既定河北，复平关中”，功劳卓著。刘秀称帝后，封邓禹为大司徒、酂侯。后改封高密侯，进位太傅。

吴汉：曾任新朝宛县亭长，后在渔阳郡以贩马为业。更始元年（23 年），被任命为安乐令。后归顺刘秀，封偏将军、建策侯。此后，吴汉斩杀苗曾、谢躬，平定铜马、青犊等农民军，协助刘秀建立东汉。刘秀称帝后，吴汉任大司马、广平侯，先后扫灭刘永、董宪、公孙述、卢芳等割据势力。

耿弇：自幼喜好兵事，后劝父投奔刘秀，被任命为偏将军，跟随刘秀平定河北。刘秀称帝后，耿弇被封为建威大将军、好畤侯。他为东汉的统一立下赫赫战功。

岑彭：原是新朝的棘阳县长，曾长期坚守宛城抵抗绿林军。后无奈归降更始政权，被任命为归德侯。刘秀称帝后，岑彭拜廷尉，行大将军事。建武二年（26 年），岑彭升任征南大将军，封舞阴侯。建武八年（32 年），岑彭随帝攻破天水，灭隗嚣。建武十一年（35 年），岑彭伐公孙述，阵战侯丹，直抵成都。公孙述派遣刺客，乘夜间将岑彭刺死。

冯异：原为新朝颍川郡掾，后归顺刘秀，随之征战，大破赤眉、平定关中。协助刘秀建立东汉。刘秀称帝后，冯异被封为征西大将军、阳夏侯。

以上几位是“云台二十八将”中比较有名的，此外，还有胶东侯贾复、雍奴侯寇恂、颍阳侯祭遵、昌成侯刘植等大将。

小雨讲堂 汉献帝刘协是东汉最后一位皇帝，他是个被曹操控制了的傀儡皇帝。220年，曹操病死，刘协被曹丕控制，最后被迫禅让于曹丕，被贬为山阳公，居住在山阳城（今河南省焦作市）。

据说，后来他变为“郎中”，悬壶济世，访贫问苦，医治百姓，深受百姓爱戴。焦作一带的民众为了纪念他，形成了许多有趣的民俗，一直流传至今。

例如，老百姓改称皇上刘协为“大人”，改称皇后曹节为“美人”，尊他俩为父母，分别简呼其为“大”“美”。久而久之，民间通呼，尊父亲为“大”，尊母亲为“美”，直到今天，焦作农村的儿女中，仍有许多这样称呼父母的。

原文

魏蜀吴，争汉鼎。
号三国，迄两晋。

译文

东汉末年，魏国、蜀国、吴国争夺天下，形成三国鼎立的局面。一直到两晋时期才结束了乱世。

相关故事

三国鼎立

东汉末年，黄巾军起义加速了东汉王朝的灭亡，自此天下大乱，群雄并起，开始了百余年的群雄争霸时代。从220年起，我国继东汉而出现的魏、蜀、吴三个政权先后建立，它们三分东汉州郡之地，各据一方，称王称霸，互相对峙，这种政治局面被称为“三国鼎立”。

东汉中平六年（189年），灵帝死，刘辩继立为少帝。执政的何太后兄何进联络西园八校尉之一的袁绍，密谋尽杀宦官，并召并州牧董卓入洛阳为援。董卓率兵入洛，尽揽朝政，废黜少帝，另立刘协为帝，即汉献帝。董卓的专横激起东汉朝臣和地方牧守的反对，酿成大规模的内战。

董卓入洛后，袁绍出奔冀州，东郡太守桥瑁假东汉三公名义，要求州郡兴兵讨伐董卓，关东州郡纷纷响应。他们推袁绍为盟主，相机进攻董卓。初平元年（190年），董卓避关东兵锋，挟持汉献帝西迁长安。初平三年长安兵变，董卓被杀。

经过激烈的混战以后，到建安元年（196 年），全国形成许多割据区域：袁绍占据冀、青、并三州，曹操占据兖、豫二州，韩遂、马腾占据凉州，公孙瓒占据幽州，公孙度占据辽东，陶谦、刘备、吕布先后占据徐州，袁术占据扬州的淮南部分，刘表占据荆州，刘璋占据益州，孙策占据扬州的江东部分，士燮占据交州。此外，张鲁以道教的组织形式保据汉中地区，置祭酒以治民。在这些割据者中，势力最强也最活跃的是袁绍和曹操。

建安五年（200 年），曹操与袁绍两军进行官渡之战，曹操以弱胜强，全歼袁军主力；又利用袁绍二子的矛盾攻占袁氏的邺城，相继占领青、冀、幽、并四州之地，统一了中原地区。

建安十三年（208年），曹军南下，攻占刘表之子刘琮所据的荆州。依托于荆州的刘备向南奔逃，与孙权结盟，共抗曹军。孙、刘联军以少胜多，大败曹军于赤壁，迫使曹军退回中原。这就是决定南北相持局面的赤壁之战。曹操北归以后，用兵于关中、陇西，把统一范围扩及整个北方。

建安十六年（211年），刘备率部进入益州，逐步占据了原来刘璋（刘焉之子）的地盘。二十四年，刘备从曹军手中夺得汉中，但是孙权遣军袭杀据守荆州的关羽，占领荆州全部，隔三峡与刘备军相持。

汉延康元年（220年）一月，曹操死；十月，子曹丕称帝，国号魏，定都洛阳。221年，刘备在成都称帝，国号汉，世称蜀，又称蜀汉。孙权于221年接受魏国封号，在武昌（今湖北省鄂州市）称吴王。222年，蜀军出峡与吴军相持于夷陵（今湖北省宜昌市东南），猇亭一战，被吴将陆逊击败，退回蜀中。229年，孙权在武昌称帝，后迁都建业（今江苏省南京市），建立吴国。猇亭之战以后不久，蜀、吴恢复结盟关系，共抗曹魏。鼎足之势维持了四十余年。

知识拓展

《三国演义》中的“五虎上将”是哪五位？

关羽：字云长，人称关云长，是《三国演义》中最为出彩也是刻画得最为成功的人物之一。关羽“身长九尺，髯长二尺，面如重枣，唇若涂脂，丹凤眼，卧蚕眉，相貌堂堂，威风凛凛”，是不折不扣的美髯公。《三国演义》将关羽塑造成一个忠义仁勇的武将，以其为主人公的“温酒斩华雄”“千里走单骑”“过五关斩六将”“华容道放走曹操”“水淹七军”“刮骨疗毒”等故事至今为人们所津津乐道。

张飞：无论是《三国演义》中，还是《三国志》中，张飞给人的印象都是武艺高强、勇猛果敢、豪气冲天、爱憎分明，但又脾气暴躁、意气用事，是一个可敬、可畏而又可爱的“莽夫”，固后世有“猛张飞”之称。

赵云：“常山赵子龙”的知名度可不比关羽和张飞低，尤其是长坂坡之战中，赵云单枪匹马穿梭于曹操精兵之中，找回了少主刘禅和甘夫人，使他们得以和刘备相聚，是为“单骑救主”，名垂青史。后赵云历大小战争，都取得了不俗的战绩，故有“常胜将军”之称。

马超：马超是东汉卫尉马腾之子，世出名门，曾继父业成为一方割据势力，后败于曹操而投奔刘备，再加上他身材魁梧、容貌英俊，因此，马超可以说是“五虎上将”中的“高富帅”了。当然，除了出身好，马超也是文武兼备、英勇过人的豪杰将领，《三国演义》中马超逼曹操“割须弃袍”一段至今脍炙人口，有“锦马超”之称。

黄忠：黄忠本为刘表部下中郎将，后归刘备，助刘备攻益州刘璋，勇毅冠三军。后在定军山一战中阵斩曹操部下大将夏侯渊，立下大功。在《三国演义》中，黄忠手持大刀、挽大弓，虽然年近花甲，但是老当益壮，勇猛过人。后世有歇后语夸赞他“黄忠射箭——百发百中”“黄忠抡大锤——老当益壮”等。

小雨讲堂 三国时期的历史主要记载于西晋史学家陈寿所著的《三国志》。元末明初，罗贯中综合民间传说和戏曲、话本，结合陈寿《三国志》和裴松之作的注，根据他个人的体悟，创作了《三国志通俗演义》，即《三国演义》。《三国演义》在尊重历史的前提下，对三国时期的重要历史人物和历史事件都进行了更为充分的刻画和更为大胆丰富的想象。《三国演义》塑造了很多精彩的角色，狡诈多疑的曹操、宽厚仁慈的刘备、才智过人的诸葛亮、忠肝义胆的关羽、鲁莽勇猛的张飞、英勇无敌的赵云等人物至今为人们所津津乐道。刘关张“桃园三结义”、关羽“温酒斩华雄”“过五关斩六将”、张飞“威震长坂坡”、赵云“单骑救幼主”、诸葛亮“七擒孟获”“空城计吓退司马懿”等故事流传极广。

原文

宋齐继，梁陈承。
为南朝，都金陵。
北元魏，分东西。
宇文周，与高齐。

译文

东晋灭亡后，继之而起的是南北朝时代。长江以南地区先后出现了宋、齐、梁、陈四朝，国都都建在金陵，历史上把南方的这段时期统称为“南朝”。与南朝同时期的北方，先有北魏的兴起，后来北魏分裂成东魏和西魏。宇文觉建立了北周，高洋建立了北齐，历史上把北方的这段时期称为“北朝”。

相关故事

风声鹤唳，草木皆兵

五胡十六国时期，前秦皇帝苻坚即位后，逐步统一了北方大部分地区。383 年，苻坚率领九十万大军南下攻伐东晋。东晋以谢安为主帅，任谢石为大将、谢玄为先锋，率领八万精兵迎战。

秦军前锋苻融顺利攻占寿阳后，苻坚率领八千名骑兵抵达这座城池。他听信苻融的判断，认为晋军不堪一击，只要自己的后续大军一到，便可大获全胜。于是，苻坚派出了一个名叫朱序的人去劝降谢石。朱序原是东晋官员，后被前秦俘虏，他内心并不想为前秦卖命。见到谢石后，他立刻报告了秦军的布防情况，并建议晋军在前秦后续大军未到达之前袭击洛涧。谢石听从他的建议，出兵偷袭了前秦军营，结果大获全胜。于是晋军乘胜向寿阳进军。

苻坚得知洛涧兵败，晋军正向寿阳赶来，大惊失色。苻坚与苻融登上寿阳城头，亲自观察淝水对岸晋军的动静。当时正是隆冬时节，又是阴天，远远望去，淝水上空灰蒙蒙的一片。仔细看去，那里桅杆林立，战船密布，晋兵持刀执戟，阵容十分齐整，让苻坚颇感意外。接着，苻坚又向北望去，峰峦连绵的八公山上像是埋伏着重兵，随着一阵西北风呼啸而过，山上晃动的草木就像无数在走动的士兵。苻坚顿时惊恐万分，他回过头来对苻融说："晋军是一支劲敌，怎么能说它弱呢？"不久，在心理上已有阴影的苻坚中了谢玄的计，命令军队后撤，让晋兵渡过淝水再决一死战。结果，前面的秦兵一后退，后面

的大队人马以为秦军败了，于是争相逃命，自相践踏，溃不成军。

知识拓展

历史上“五胡乱华”中的“五胡”指的是匈奴、鲜卑、羯、氐、羌五个游牧民族。

匈奴：中国古代北方游牧民族。春秋战国秦汉时，今内蒙古西部、蒙古国、南西伯利亚境内及今山西北部等地广泛分布着众多古突厥语族游牧部落，其统称，在先秦文献中译为狄、丁灵、儋林等名，均为同名异译，但所指部落群范围有所不同。战国晚期，儋林逐渐形成较巩固的部落联盟。联盟首领称单于，日益强盛，常侵扰赵秦燕边郡，始被称为匈奴，赵秦燕皆筑长城以拒之。秦朝时联盟首领为头曼单于，其中心仍在今河套地区。至秦末汉初冒顿单于时，终于建立国家，其后逐渐形成匈奴民族。根据匈奴源于属于狄人的儋林，以及后世中外学者的多方面研究，认为匈奴就其主体而言，与狄、丁零、敕勒、铁勒等古代游牧民族部落群均为操古突厥语的广义古突厥人。

鲜卑：古代北方部族。公元前3世纪末，匈奴破东胡后，迁居辽东塞外鲜卑山，以此山名为号。另一支则居大鲜卑山，即后之拓跋鲜卑。与乌桓同役属于匈奴。西汉武帝时，乌桓附汉，南徙至今老哈河流域，鲜卑亦向南迁居于今内蒙古西拉木伦河一带。其时，鲜卑人以游牧为主，兼及农业和渔猎。其社会组织处于原始社会末期的邑落公社阶段，若干邑落组成部，部与邑落的首领均由选举产生。

羯：羯为晋人对杂胡的泛称，羯人入塞之前，隶属于匈奴，为匈奴的一个分支。319年，羯人首领石勒率领部众攻掠周边地区，建立赵国，史称后赵。石勒死后，其弟石虎夺得王位，迁都邺城，实行残暴统治，引起国内混乱、宗室相争。350年前后，冉闵推翻后赵，改国号魏，一个强悍的羯族从此消失。

氐：氐族是我国历史上一个重要的民族。从先秦至南北朝，氐族分布在今甘肃、四川等省的交界处。五胡十六国时期，先后建立过仇池、成汉、前秦、后凉等政权，对中国历史有重大影响。南北朝以后，氐族逐渐融合于周边的羌族、藏族、汉族之中。

羌：羌族是中国西部的一个古老民族，主要聚居于今四川省。十六国时期，羌人贵族姚苌建立后秦政权，传三世三帝，共三十四年。

小雨讲堂 西晋末年，晋王室内部因争夺政权而引发内乱，兄弟之间互相攻击残杀，自此，天下大乱，史称“八王之乱”。

由于长期的战乱，西晋国力日趋衰弱，北方游牧民族政权乘机举兵入侵中原，其中以匈奴、鲜卑、羯、羌、氐五个游牧民族为主，这段历史被称为“五胡乱华”。

不久，西晋灭亡，晋王室南渡长江，在建康建立东晋政权。而以这五个游牧民族为主的政权在北方相继建立了前赵、后赵、前燕等十六个实力强劲的国家，史称“五胡十六国”，这也是中国历史上的一段大分裂时期。

原文

迨至隋，一土宇。
不再传，失统绪。

译文

直到杨坚建立了隋朝，国家才统一了。他的儿子隋炀帝杨广即位后，不懂得体恤百姓，于是隋朝很快就灭亡了。

相关故事

短命的隋朝

中华大地自西晋末年“五胡乱华”之后，经历了五胡十六国、南北朝政权的频繁更替，长期处于分裂状态。到了南北朝末期，北方的两个政权北周和北齐在经历了一段时间的较量之后，终于分出了胜负，北周灭了北齐，统一了北方。可是北周武帝不久后就去世了。周宣帝宇文赟即位后，荒淫昏庸，沉湎酒色，政治腐败，外戚杨坚乘机将北周重臣外遣，逐渐掌握朝政。后杨坚代周称帝，建立了隋朝，是为隋文帝。几年后，隋文帝攻灭陈国，统一了天下。

为了巩固统治，隋朝在政治、经济、文化、外交等领域进行了大刀阔斧的改革，并且取得了显著的效果。隋文帝在位期间，百姓安居乐业，国家安定，开创了“开皇之治”的大好局面。

隋文帝去世后，杨广即位，是为隋炀帝。隋炀帝在位初期，国力仍然兴盛，他营建洛阳，修建以洛阳为中心的隋唐大运河，修驰道，筑长城，带动了关中地区与南北各地区的经济与贸易发展；另一方面，对周边国家展开征讨，扩张隋朝版图。然而，由于隋炀帝急功近利，贪图享乐，使得这些本是利国利民的行为反而成了祸害。

隋炀帝生性多疑，他每到一个地方，总是怀疑有人要陷害他，经常安排好几个饮食起居的住处，而且各住处的名贵食品都得样样俱全。大臣们为了置办这些东西，再远的地方也得去，否则就会被治罪。

各郡县的官员竞相为隋炀帝进献珍宝，送得多、送得好的官员就能升官，送得简单、没有新意的会被治罪。于是，很多奸诈官吏乘机侵夺百姓，赋税越来越重，导致民不聊生。

当时，隋炀帝贪图安逸享乐，不关心百姓疾苦，致使各地起义蜂起。而且他还经常猜疑手下的大臣，如果哪个大臣的举动不合他的心意，隋炀帝就会给他加上“莫须有”的罪名，然后诛之。就这样，隋朝在隋炀帝手里灭亡了。

名篇欣赏

汴河怀古

皮日休

尽道隋亡为此河，
至今千里赖通波。
若无水殿龙舟事，
共禹论功不较多。

赏析:

围绕这个诗题，诗人共作了两首诗，这是其中的第二首。这首诗与杜牧的《赤壁》风格相类似，是一首给传统的历史评论翻案的诗，它以客观公允的态度辩证地评价了隋炀帝开凿运河的功过。

首句便开门见山，从隋亡于大运河的普遍论调开始发表议论。后世的很多人将隋朝灭亡的主要原因归咎于大运河的开凿，“尽”字气势极强，表现出了诗人对众人的普遍论调的不认同，因为开凿大运河有着有利的一面，它使得南北交通显著改善，对加强区域经济的联系和政权的统一有一定好处。“至今”突出大运河造福后世时间之长，“千里”强调受益区域之广，“赖”表明它在国计民生中的重要性。次句强调的是大运河百年来的大作用，一反以往人们的论调，使人耳目一新，作者为自己的论点提供了充分而有力的论据，读来令人信服。

“水殿龙舟事”指隋炀帝在大运河竣工后率二十万人出游，乘坐高达四层的龙舟，另有杂船无数，役使民工上万，绵延三百多里，供他个人奢侈享受的史实。诗人对于此事是批斥的，不过他没有在诗中明显表态，只是在最后一句搬出禹来和隋炀帝相比。隋炀帝的功绩真能和禹相比吗？这听来简直荒谬。诗人这么说不是哗众取宠，而是有前提的，那就是没有“水殿龙舟事”，单论筑水利工程造福后代，大运河和禹治水是有可比之处的。

隋炀帝是历史上有名的暴虐无道的昏君，而禹是自古以来受人尊崇的心怀天下的仁君圣人，诗人将暴君与圣人相提并论，通过欲抑先扬之法，对其进行了彻底的讽刺和批判。“共禹论功”

将隋炀帝高高抬起，而上面压着“水殿龙舟事”，这样，对隋炀帝的谴责显得更加强烈，使用这种手法比一般直接抒发的效果更好。

晚唐时期，国势衰落、社会动荡、政治腐败，唐王朝已离覆亡不远，诗人重提隋亡教训，发人深省，意味深长。

小雨讲堂 京杭大运河是世界上里程最长、工程最大的古代运河，也是最古老的运河之一，与长城、坎儿井并称为“中国古代的三项伟大工程”。7世纪初，隋炀帝即位后即做出了贯通南北运河的决定。603年，他下令开凿从洛阳经山东临清至河北涿郡长约1000公里的“永济渠”；605年，下令开凿连接黄河与淮河的“通济渠”；608年，又开凿永济渠，“引沁水南达于河，北通涿郡”，形成多枝形运河系统。大运河对中国南北地区之间的经济、文化发展与交流，特别是对沿河地区工农业经济的发展起了巨大作用。

原文

唐高祖，起义师。
除隋乱，创国基。
二十传，三百载。
梁灭之，国乃改。

译文

唐高祖李渊起兵反隋，推翻了隋朝的统治，消除了各地的混乱局面，开创了唐朝的宏伟基业。唐朝的统治延续了近三百年，历经二十代皇帝。到唐昭宣帝时，朱温篡位，建立了梁朝，唐朝就此灭亡。

相关故事

安史之乱

安史之乱是发生于中国唐代的一场叛乱，是唐朝由盛而衰的转折点。

唐玄宗在改年号为天宝后，贪图享乐，不理朝政，国家政权先后由李林甫、杨国忠把持，又放任边地将领拥兵自重。安禄山任三镇节度使，军权在握，兵力雄厚。

天宝十四年（755年），安禄山趁唐王朝空虚腐败之时，发动兵变。第二年安禄山就攻入都城长安，并在洛阳称帝。

唐玄宗携爱妃杨玉环仓皇西逃入蜀。途经马嵬坡时，六军不发。将士们请求处死奸相杨国忠和宠妃杨玉环。唐玄宗虽不

舍，但无奈只能同意。玄宗入蜀之后，太子李亨在灵州（今宁夏回族自治区灵武市）登基，即唐肃宗。后来，许多历史学家认为“马嵬坡之变”是一场有计划的兵变，太子李亨被认为是主谋。

安史之乱是唐朝由盛而衰的转折点。战乱虽平，安史部将势力并未消灭，藩镇割据局面由此形成；中原战乱地区经济遭到严重破坏；吐蕃对唐的侵扰也日益频繁，唐朝国力大为削弱，其全盛时代也从此结束了。

知识拓展

中国民间自古以来都有农历新年贴门神的习俗。最初的门神是刻桃木为人形，挂在门的旁边，后来演变成画门神人像张贴于门扇。随着历史的变迁，在不同时期、不同地域，门神的类型也有所不同，有捉鬼门神神荼、郁垒和钟馗等，有祈福门神戏金蟾的刘海、招财童子小财神等，有道教门神青龙孟章神君、白虎监兵神君等，有文臣门神魏征、包公等，还有武将门神秦叔宝、尉迟敬德等。一般是左右大门各贴一位。元代以后，著名将领秦叔宝和尉迟敬德的门神组合变得越来越受欢迎。

秦叔宝名琼，字叔宝，隋末唐初名将，初为隋将，先后在来护儿、张须陀、裴仁基帐下任职，因勇武过人而远近闻名。后随裴仁基投奔瓦岗军领袖李密，又转投王世充，见王世充为人奸诈，于是与程咬金等人投奔李唐。随李世民南征北战，是一个能在万众之中取敌将首级的勇将，是唐初“凌烟阁二十四功臣”之一。

尉迟敬德：复姓尉迟，名恭，字敬德，原为刘武周部将，刘武周覆灭后投降李世民。起初不被众唐将信任，差点被处死，但李世民坚持起用他。虎牢关之战时立下战功，稳固了地位，勇冠三军。尤其在玄武门之变中，杀死了李元吉，救了李世民，还请高祖下令，令诸军皆听李世民之命。在性格上，尉迟敬德淳朴忠厚，自归李世民后，从无二心，为其赴汤蹈火、在所不辞，也是“凌烟阁二十四功臣”之一。

小雨讲堂 武则天是唐高宗李治的皇后，也是中国历史上唯一的女皇帝。这位女皇帝有着传奇的一生。

武则天十四岁时，入宫为才人。太宗死后，入感业寺为尼。唐高宗继位，复召入宫，拜昭仪。永徽六年（655年），高宗废王氏改立武氏为皇后。

武后素多智计，兼涉文史。显庆五年（660年）高宗风眩头重，目不能视，百司奏事，或使武后决之，武后开始直接参与政事的处理。上元元年（674年），高宗称“天皇”，武后称“天后”，宫中称为“二圣”。弘道元年（683年）唐高宗去世，太子李显继位，武则天临朝称制。嗣圣元年（684年）二月，武则天废李显为庐陵王，立四子李旦为皇帝，继续临朝称制。天授元年（690年），武则天自立为帝，改国号为周，定都洛阳，称“神都”，建立武周。

原文

梁唐晋，及汉周。
称五代，皆有由。

译文

后梁、后唐、后晋、后汉和后周在历史上被称作“五代”。朝代的更替都有着一定的原因。

知识链接

五代依次为梁、唐、晋、汉、周五个朝代，史称后梁、后唐、后晋、后汉与后周。唐朝末年，藩镇割据，政治腐败黑暗，出现了以黄巢为首的农民起义，动摇了唐王朝的统治。朱温原是黄巢麾下大将，很受黄巢器重，但是朱温意识到农民起义军的局限性，深知黄巢必败，于是叛归了唐朝。907 年，朱温篡唐建立后梁，这是五代十国的开始。923 年，盘踞太原的晋王李克用之子李存勖灭后梁，建立后唐。后唐之后的五代君王均出自李克用的子孙或部属。后唐历经后唐明宗的扩张与整顿，国力强盛，但发生内乱后，被当时的河东节度使石敬瑭引契丹军攻灭，后晋建立。不久契晋关系恶化，契丹军南下灭后晋，建立辽朝。同时后晋的河东节度使刘知远待辽帝被迫北归之时，在太原称帝，随后，他统兵南下，定都开封，建立后汉。郭威篡后汉建后周，后周世宗柴荣南征北战，一度有一统天下的希望，可惜却英年早逝。宋太祖赵匡胤延续了柴荣制定的策略，一统天下，结束了兵祸连年、饥馑遍地的乱世，开创了灿烂的赵宋之世。

相关故事

“儿皇帝”石敬瑭

石敬瑭从小就沉默寡言，喜欢读兵法书，而且非常崇拜战国时期的赵将李牧和汉朝名将周亚夫。时任代州刺史李嗣源对他很器重，将自己的女儿嫁给了他，并让他统领自己的亲军精锐骑兵“左射军”，视他为自己的心腹之将。此后，石敬瑭跟随李嗣源转战各地，为李嗣源冲锋陷阵，曾多次救晋王李存勖和岳父李嗣源于危难之中，战功卓著，声名远播，是李嗣源麾下的一员骁将，协助李存勖灭了后梁，建立后唐。后劝说岳父李嗣源顺应局势，在兵乱时追求帝位。李嗣源死后，其子李从厚即位，是为后唐闵帝，继续重用石敬瑭。李嗣源的养子李从珂发动兵变，石敬瑭选择站在李从珂这边，帮助其灭了闵帝，登上皇位。然而李从珂并不信任石敬瑭，反而将他当作最大的威胁。于是，石敬瑭开始酝酿反叛。李从珂知道后，改任石敬瑭为郓州节度使，然后派兵讨伐他。石敬瑭慌不择路，向契丹皇帝耶律德光求救，并向其许诺：割让幽云十六州给契丹，每

年进贡大批财物，以儿国自称。正愁没机会南下的耶律德光喜出望外，立即领兵来救石敬瑭，最后大败后唐军队。后晋天福元年（936 年）十一月，辽太宗耶律德光册石敬瑭为皇帝，改元天福，国号晋，契丹主自解衣冠授之。石敬瑭遂即位于柳林（今山西省太原市东南）。石敬瑭遵守承诺，将幽云十六州割让给了契丹，并称比他小十岁的耶律德光为父皇帝，再每年进奉帛三十万匹。幽云十六州乃中国北部天然屏障，至此，中原完全暴露在契丹的铁蹄之下。

知识拓展

说起婉约派词人，最出名的就是李煜、柳永、晏殊和李清照四位了，他们被奉为婉约派四大旗帜，在婉约词的发展中起到举足轻重的作用。而李煜又是南唐词的代表人物，其词继承了温庭筠、韦庄等花间派词人的传统，又受李璟、冯延巳等人的影响，提高了词的整体美学品位，在晚唐五代词中独树一帜，在中国词史上有着极高的地位。

然而，李煜不只是词人、文人，更是一国之主，是五代十国时期十国中南唐的末代皇帝。李煜在位时，南唐国内政治、社会矛盾积重难返，内忧外患严重。作为一国之君的李煜却醉心于诗词书画，没有在国政上用心。李煜精书法，工绘画，通音律，诗文均有一定造诣，尤以词的成就最高，代表作有《虞美人·春花秋月何时了》《浪淘沙令·帘外雨潺潺》《相见欢·无言独上西楼》等。然而此时南唐国势衰微，而北宋如日中天，再加上李煜耽于逸乐而不问朝政，使得南唐最终被北宋所灭。

小雨讲堂 幽云十六州即今北京、天津北部、河北北部以及山西北部的部分地区。该地区地势险要，易守难攻，历来为兵家必争之地。石敬瑭割让幽云十六州给契丹，成为影响后世政治格局和历史进程的一件大事。此后的数百年中，收复幽云十六州成为宋、明两朝梦寐以求的事。1368 年，朱元璋称帝，国号大明。同年秋，他遣徐达、常遇春攻占大都，并在一年之内收复了幽云十六州。

原文

炎宋兴，受周禅。
十八传，南北混。

译文

赵匡胤接受了后周“禅让”的帝位，建立了宋朝。宋朝传了十八代皇帝之后，又形成了南北混乱的局面。

知识链接

黄袍加身：959 年，周世宗柴荣崩，八岁的周恭帝柴宗训即位。殿前都点检、归德军节度使赵匡胤、禁军高级将领石守信、王审琦等人掌握了军权。960 年，传闻契丹兵将南下攻周，宰相范质等未辨真伪，急遣赵匡胤统率诸军北上御敌。周军行至陈桥驿，赵匡胤和赵普等密谋策划，发动兵变，众将将黄袍加在赵匡胤身上，拥立他为皇帝。随后，赵匡胤率军回师开封，京城守将石守信、王审琦开城迎接他入城，他们胁迫周恭帝禅位。赵匡胤即位后，改国号为“宋”，仍定都开封。与宋太祖赵匡胤相关的著名历史事件还有“杯酒释兵权”“烛影斧声”等。

相关故事

靖康之耻

在五代十国的后晋时期，后晋皇帝石敬瑭曾把北方的幽云十六州割与契丹所建立的辽国，幽云十六州历来都是中原抵御外族入侵的屏障，失去它就等于把中原地区直接暴露给敌方，给予其入侵的便利。在北宋时期，辽国正是凭着坐拥幽云十六州而屡屡进犯中原，北宋朝廷为了收复幽云十六州，与辽国进行了长期的交战。

自宋太宗赵光义起，北宋曾多次与辽交战，但一直未能收复失地。宋真宗时期，宋在有利的军事形势下，接受求和，订立了“澶渊之盟”，宋真宗与辽国在澶州订立停战和议，约定宋辽为兄弟之邦，约定宋每年赠辽银十万两、绢二十万匹。宋仁宗庆历二年，又增银十万两、绢十万匹，并改“赠”为“纳”。北宋每年向辽交纳“岁币”，双方互不侵犯。后来宋神宗时，又割河东地七百里。可以说，北宋朝廷因为失去了幽云十六州

这个屏障而受尽屈辱。然而，一波未平一波又起，继辽国之后，北宋在北方又多了两个对手，一个是由党项族建立的李氏西夏政权，一个是由女真族建立的完颜氏金政权，可以说是腹背受敌，形势危急。而当时对于北宋威胁最大的还是最为强盛的辽国，因此，北宋朝廷做出了一个历史性的决定，就是与金国联盟，共同对抗辽国。虽说宋金合盟的确给辽国造成了很大的打击，但北宋朝廷从此引狼入室，将一个比辽国更具野心、威胁更大的敌人引入中原。

北宋倒数第二位皇帝宋徽宗是一位天才的艺术家，却不懂得治国。他沉溺于享乐，任用奸臣，使得朝政腐败，天下大乱，农民起义纷起，北宋的统治岌岌可危。

宋徽宗宣和七年（1125 年），金兵分两路南下攻宋。徽宗吓得立刻传位于其子赵桓。钦宗赵桓患得患失，在战与和之间举棋不定。后来在万般无奈之下，起用主战派李纲来保卫东京，曾一度取得了胜利。但是金朝并未死心，二度南下。宋钦宗靖康元年（1126 年）九月，太原沦陷。十一月，东京外城沦陷，金军逼迫钦宗前去议和，趁机向钦宗索要大量金银。东京城被金军围困，城内疫病流行，饿死病死者不计其数。靖康二年（1127 年）二月，金兵攻破东京城，钦宗被废，徽、钦二帝被金人俘往北方。北宋后宫和大量宗室大臣被抵押给金国，受尽凌辱。这就是历史上著名的“靖康之耻”。

此后，宋室南渡建立了南宋政权，开始与金国、西夏等政权南北混战的局面。其间，涌现了一批像岳飞、韩世忠这样的抗金名将，但是由于南宋朝政逐渐崩溃，君王受奸臣蒙蔽，导致收复北方的计划屡屡受挫。南宋后期，随着蒙古人铁木真（成吉思汗）的强势崛起，南宋最终覆亡。

知识拓展

宋朝是中国历史上经济文化高度发展的帝国，尽管疆域略小，并在与邻国辽、西夏、金的抗衡中经常处于劣势，最后被元朝所灭，但它在经济、教育、科技、文化方面所达到的高度，在中国古代是空前的。同时，它还是当时的世界大国，在经济等方面的成就，在当时世界上居于领先地位，对人类文明做出了重大贡献，产生了深远影响。印刷术、火药、指南针等四大发明中的三项，得到很好的开发应用；发行了世界上最早的纸币；海上贸易十分发达，输出大量手工业制品，输入大量原料，充分显示了宋朝在世界上的经济地位。

小雨讲堂 北宋末年，由于宋徽宗懈怠政务，任用蔡京、童贯等奸臣，朝政日非，再加上宋徽宗对百姓的大肆搜刮，令百姓苦不堪言，各地农民纷纷起义。梁山泊的农民和渔民缴不起沉重的赋税，就武装抗租抗税，梁山泊成了农民武装起义的据点。1119 年，宋江聚众三十六人在梁山泊起义，随后转战河北、山东一带。1121 年，宋江率起义军乘船来到海州（今江苏省连云港市），陷入宋军重围，船只被焚。走投无路之下，只能向北宋投降。中国四大名著之一的《水浒传》就是以此为背景，描写北宋末年以宋江为首的一百零八位好汉聚义梁山泊，反抗欺压，但随着宋江接受朝廷的招安，一场轰轰烈烈的农民起义最终走向失败的故事。

原文

辽与金，皆称帝。
元灭金，绝宋世。

译文

北方的辽人、金人都建立了国家，自称皇帝。最后，蒙古人灭了金朝和宋朝，建立了元朝，重新统一了中国。

知识链接

在“靖康之耻”中，徽、钦二帝及大量皇室成员被金兵掳往北方，以宋徽宗第九子康王赵构为首的一批宋室成员南渡，建立了南宋政权，定都临安。之后，金国几度南征都未能灭南宋，而南宋也数次北伐皆无功而返，南宋和金国形成对峙局面。后宋、金达成绍兴和议，双方以淮水—大散关为界。南宋中后期，奸相频出，朝政糜烂腐败，而处于漠北草原的蒙古族开始崛起。1206 年，铁木真建立大蒙古国，消灭西夏、征服金国后，蒙古大军开始大举入侵南宋。南宋军民拼死抵抗。1276 年，南宋都城临安被攻占，1279 年，崖山海战宋军战败，丞相陆秀夫背着年仅八岁的宋末帝赵昺（bǐng）跳海自尽，十万多南宋军民亦相继跳海，南宋灭亡。

相关故事

成吉思汗杀死爱鹰

有一次，成吉思汗带着一帮人出去打猎。他们一大早便出发了，可是到了中午仍没有收获，只好意兴阑珊地返回帐篷。成吉思汗心有不甘，便又带着皮袋和弓箭独自一人走回山上。烈日当空，他沿着羊肠小道向山上走去，时间愈久，口渴的感觉就愈强烈，但他找不到任何水源。终于，他来到一个山谷，见有水从上面一滴一滴地滴下来。成吉思汗非常高兴，就从皮袋里取出一只金属杯子，耐着性子用杯子去接那一滴一滴的水。当水接到七八分满时，他高兴地把杯子拿到嘴边。就在这时，他的爱鹰俯冲下来，把杯子打翻了。

刚到嘴边的水被弄洒了，成吉思汗不禁又急又怒。尽管他非常生气，却又无可奈何，只好拿起杯子重新接水。当水再次接到七八分满时，那只鹰再次向他飞来，把水杯打翻了。成吉思汗顿生报复心："好！你这只鹰既然不知好歹，专给我找麻烦，那我就不客气了！"于是，成吉思汗一声不响地拾起水杯，再重新接水。当水再一次接到七八分满时，他悄悄取出尖刀，握在手中，然后把杯子慢慢地移近嘴边。他的爱鹰再次向他飞来，成吉思汗迅速用尖刀刺向鹰，把它刺死了。

由于他的注意力都集中在杀鹰上，忘记了手中的杯子，因此杯子掉进了山谷里，这下，成吉思汗无法再接水喝了。不过他想，既然有水从山上滴下来，那么上面也许有湖泊或山泉，于是他拼尽力气向上爬。终于他攀上了山顶，发现那里果然有一个池塘。

成吉思汗兴奋极了，立即俯下身子想要喝个痛快。突然，他看见池边有一条大毒蛇的尸体，这才恍然大悟："原来是爱鹰救了我一命，它刚才屡次打翻我杯子里的水，是不让我喝下被毒蛇污染了的水啊。"此后，成吉思汗明白了一个道理："永远不要在发怒的时候处理任何事情。"

知识拓展

《射雕英雄传》是金庸创作的最为人所熟知的武侠小说之一，这部作品以庆元五年（1199年）至成吉思汗逝世（1227年）这段历史为背景，反映了南宋抵抗金国与蒙古两大强敌的斗争。全书的人物中有很多是历史上真实存在过的，而且不乏一些名留青史的人物。

郭靖：郭靖是《射雕英雄传》的男主角，父亲为奸人所害，之后流落蒙古，奇遇不断，先后拜江南七怪、洪七公等为师，习得降龙十八掌、九阴真经等绝世武功，成长为一代大侠。然而这并非是金庸先生完全虚构的角色。中国历史上真的存在郭靖这个人物，他是南宋的一位义士，因不愿降金而投江自杀。

成吉思汗、拖雷：《射雕英雄传》中郭靖儿时曾与母亲逃难到蒙古，从小在蒙古长大，很受蒙古大汗铁木真（成吉思汗）的赏识，做了"金刀驸马"。而成吉思汗之子拖雷是郭靖幼年最好的玩伴，两人感情深厚，结成了"安答"（兄弟）。历史上的拖雷是成吉思汗的第四子，成吉思汗死后，由拖雷监国。其子蒙哥（宪宗）、忽必烈（世祖）相继称汗、称帝，旭烈兀亦开创了伊利汗国。

全真教、王重阳、全真七子：全真教并非金庸先生虚构，全真教是中国道教的一个重要派别，于北宋末年至南宋初年间由王重阳于陕西终南山所创。王重阳道号"重阳子"，早年应试进仕，后归隐山林，掘地穴居，人称之为"活死人墓"。他潜心修道，终开创了全真教。王重阳门下有七位嫡传弟子（《射雕英雄传》

中称为“全真七子”），即马钰（丹阳子）、丘处机（长春子）、谭处端（长真子）、王处一（玉阳子）、郝大通（太古子）、刘处玄（长生子）和马钰之妻孙不二（清静散人）。

小雨讲堂 “杨家将”是北宋著名军事家族，杨家将抗辽的故事，很早就在民间流传。《杨家将》（又名《北宋志传》）是明代作家熊大木所著的英雄传奇小说。它对北宋前期杨业、杨延昭、杨文广等人的事迹加以演义，讲述了杨家几代人戍守北疆、尽忠报国的动人事迹。在一百多年的历史里，北宋与辽国进行了无数次战争，其间，涌现出很多动人的故事，其中尤以“杨家将”最为人所津津乐道。每当聆听着“杨家将血战金沙滩”“杨门女将”“穆桂英挂帅”“十二寡妇征西”等荡气回肠的动人故事时，我们便会联想起那段惊心动魄的历史。《薛家将》《杨家将》《呼家将》是我国通俗小说史上著名的“三大家将小说”。

原文

莅中国，兼戎狄。
九十年，国祚废。
太祖兴，国大明。
号洪武，都金陵。

译文

蒙古人来到中原后，统一了各少数民族。然而，元朝只延续了九十年就灭亡了。元朝末年，朱元璋起义，推翻了元朝的统治，建立大明王朝。朱元璋即明太祖，年号洪武，定都南京。

知识链接

元朝的前身为大蒙古国，1206 年，铁木真建立大蒙古国，尊汗号为成吉思汗。大蒙古国建立之初，领有大漠南北与林木中地区（即尼布楚地区），经由历代蒙古诸汗的经营及三次西征后，疆域东起日本海、东海，西抵黑海、地中海地区，北跨西伯利亚，南临波斯湾，建立起横跨亚欧大陆的超级大国。成吉思汗时期分封东道诸王与西道诸王，东道诸王是铁木真之弟，大多被分封于塞北东部地区；西道诸王则是铁木真之子，其中分封长子术赤于咸海、里海、巴尔喀什湖以北的钦察草原，后由拔都建立钦察汗国；封次子察合台于锡尔河以北的西辽旧地，史称察合台汗国；三子窝阔台分封于乃蛮旧地，后由海都建立窝阔台汗国；塞北、汉地、东北、青藏及新疆东部则由幼子拖雷获得，后由元朝直辖。

1279 年，元世祖攻灭南宋一统中国，根据《中国历史地图集》的记载，汉地、漠南、漠北、东北（包括外东北和库页岛）、新疆东部（元初据有塔里木盆地西抵葱岭）、青藏高原、澎湖群岛、济州岛及南海诸岛皆在元朝统治范围内。自灭南宋后虽然多次与日本、缅甸、安南、爪哇等国有所冲突，然而疆域大体趋于稳定。1310年，元朝与察合台汗国瓜分窝阔台汗国，元朝取得窝阔台汗国的漠西领土。

元朝疆域东起日本海，南抵南海，西至天山，北包贝加尔湖，元史称“东尽辽左西极流沙，北逾阴山南越海表，汉唐极盛之时不及也”。全国划分为由中书省所直辖的京畿地区（即河北、山东、山西及漠南部分地区），由宣政院（初名总制院）所管辖的吐蕃地区，以及十个行中书省，分别为岭北行省、辽阳行省、甘肃行省、陕西行省、河南江北行省、湖广行省、四川行省、云南行省、江浙行省、江西行省。

相关故事

朱元璋怕人揭短

明太祖朱元璋是中国历史上的杰出皇帝之一。他胸怀韬略，深谋远虑，打下大明江山，且一生勤于政事，建树颇多，特别是创设了大量典章制度，不但奠定了明朝近三百年基业，还一直影响到清朝。中国历史上的“布衣天子”很多，朱元璋可以说是其中真正白手起家的一个。刘邦、刘秀、刘备等人在打天下之前，多少有个一官半职或皇族宗亲，朱元璋却完全是平头老百姓出身，祖上都是种田的农户。他从小家境贫寒，以给地主放牛为生。后来家乡发生了严重的蝗灾和瘟疫，朱元璋的父母双双去世，他只能外出逃生。在走投无路时，他当过和尚，也当过乞丐，境况可以说是凄惨至极。

正因为有过这样凄苦的经历，所以他建立明朝后，勤政爱民，厉行节俭，成了廉政的榜样。但也正由于有这样的出身，朱元璋内心始终有着挥之不去的自卑感。他当上皇帝后，非常忌讳自己的过去，谁要是不小心提到“亮”“光”“贼”等字眼，他都认为那是在揭自己的短，是非杀不可的。

朱元璋当了皇帝后，很多以前的旧友都到京城来投奔他，希望朱元璋可以看在以前的交情上封自己一官半职。但是朱元璋是个很要面子的人，他担心这些人会当众揭他的老底，有损他的威严，所以他对这些旧友一概避而不见。

一次，朱元璋的一个幼时玩伴从老家来到京城，想要见他一面。朱元璋本来不想召见他，但这个人实在是他幼时非常要好的玩伴，他又对童年时光十分怀念，于是破例下旨召见。谁知这个人见了朱元璋，就当着文武百官的面嚷嚷起来："朱老四，你现在当了皇帝好威风啊！你还记得当年我俩光着屁股玩耍的时候吗？你闯了祸，总是让我替你挨打。有一次我们偷了豆子，背着大人用破瓦罐煮着吃，豆子还没熟，你就先抢起来，结果吃得急，豆子卡在你的喉咙里，还是我替你弄出来的呢！"

朝中大臣们听了这番话，都忍不住偷笑起来，朱元璋则如坐针毡，窘迫得不成样子。朱元璋一再暗示这位老乡不要再说

了，但这个人丝毫没有收敛，仍旧喋喋不休，好像恨不得把朱元璋的老底全揭出来似的。终于，朱元璋按捺不住，大喝一声，命人将他赶出了皇宫。

知识拓展

明朝是中国历史上国力极强的时期，但同时也是“奇葩”皇帝比较多的一个朝代。

“乞丐皇帝”朱元璋：朱元璋的人生轨迹可以说比汉高祖刘邦还要富有传奇色彩，堪称平民皇帝之最。他当过乞丐，当过和尚，从社会最底层一步步走到了最顶层，成功逆袭，是许多人的励志“偶像”。除此之外，朱元璋比刘邦更绝，几乎将开国功臣迫害殆尽，其心狠手辣的程度可见一斑。

专宠一人的明宪宗：明宪宗朱见深在明朝历史上赫赫有名，并不是因为他做了什么经天纬地的大事，而是因为痴恋比他大了整整十七岁的万贵妃（万贞儿）。万贞儿从十九岁起就成了当时才两岁的太子朱见深的贴身宫女，两人几乎形影不离，朱见深渐渐对万贞儿产生了特别的感情。后朱见深封万贞儿为贵妃，专宠了一辈子。

几十年不上朝的明世宗和明神宗：明世宗朱厚熜和明神宗朱翊钧是爷孙俩。这爷孙俩最相似之处在于两人在位前期都勤于政务，很有作为，后期都深居宫中不问朝政长达几十年。明世宗在位后期，醉心于求道炼丹而深居后宫二十多年，以至于奸臣严嵩专政，朝政混乱；明神宗在位后期因沉湎于酒色而三十年不出宫门、不理朝政，明王朝渐渐走向衰落。

“短命皇帝”明光宗：明光宗朱常洛可以说是明朝最悲催的皇帝了，甚至比被朱棣夺取皇位的建文帝朱允炆还要悲惨。明神宗在位四十八年，是明朝在位时间最长的皇帝，而朱常洛是明神宗的长子，好不容易等到明神宗驾崩，自己成了皇帝，却由于过分沉溺于酒色、纵欲淫乐而身体羸弱，吃了点大臣进贡的“仙丹”就突然一命呜呼了。

“木匠皇帝”明熹宗：明熹宗朱由校是明朝最有名的皇帝之一。他书读得不多，但心灵手巧，木匠手艺一流，一生创作了无数漆器、床、梳匣等作品，最后因大量服用“仙药”而亡。

小雨讲堂 明永乐时期，国家强盛统一，政府致力于恢复和发展中国与海外诸国的关系，开展大规模的外交活动，从而有郑和下西洋之壮举。

郑和七下西洋，历次远航随员均多达两万七八千人。船队主体一般由六十余艘大、中号宝船组成。加上其他类型的船只，如座船、战船、粮船、水船等，每次出使，共乘巨舶百余艘，其中第一次乘二百零八艘，为七下西洋中动用船只最多的一次。

郑和下西洋，建立了明朝与亚非国家间的和平关系，提高了当时中国在国际上的威望。两洲数十个国家沿着郑和所开辟的航路，不远万里，纷纷东来，向明王朝赠送珍贵的礼品，在郑和下西洋时期，仅永乐六年至十八年中，亚非国家中就有渤泥（今婆罗洲）、满剌加、苏禄（今菲律宾群岛南部）、古麻剌朗（在今菲律宾）四个国家的国王亲自来华访问。郑和下西洋时期，明王朝声威远播，实为历代所罕有。另外，郑和下西洋使中国与亚非各国之间的海上丝绸之路得以畅通，把中国与亚非国家间的国际贸易事业推进到一个新的发展阶段。

郑和下西洋规模之大，时间之长，范围之广都是空前的。它不仅在航海活动上达到了当时世界航海事业的顶峰，而且对发展中国与亚非国家间政治、经济和文化上的友好关系，做出了巨大贡献，在15世纪初期人类文明发展史上写下了光辉的篇章。

原文

迨成祖，迁燕京。
十七世，至崇祯。
权阉肆，寇如林。
至李闯，神器焚。

译文

明成祖（朱棣）即位后，把国都由南京迁到北方的燕京。从明太祖建国到崇祯皇帝为止，明朝共传了十七位皇帝。明朝末年，宦官专权，天下大乱，百姓纷纷起义。闯王李自成率领农民起义军攻破北京，崇祯皇帝自杀，明朝灭亡。

知识链接

明太祖朱元璋平定天下后，大封功臣，但他又对功臣有所猜忌，恐其居功枉法，图谋不轨。而有的功臣也确实有僭越礼法之举。朱元璋借此兴胡惟庸案和蓝玉案，清理权贵和不法功勋。最后，一帮辅佐他的开国功臣几乎被悉数除尽，这也为其孙朱允炆的登基扫清了障碍。此外，朱元璋为御侮防患，在位期间曾先后分封诸子为藩王。藩王各拥重兵，坐镇一方，其中尤以秦、晋、燕、宁诸王势力为最强。藩王势力不断膨胀，势必会对中央政权构成威胁。因此，朱允炆即位后，开始削藩。周王、代王、齐王、湘王等先后或被废为庶人，或被逼自杀。同时以边防为名调离燕王朱棣的精兵，欲铲除朱棣。朱棣在“黑衣宰相”姚广孝的建议下以“清君侧，靖国难”的名义起兵，率军南下，攻占南京，夺取帝位，史称“靖难之役”。明成祖朱棣即位后，重视文治武功，开创了“永乐盛世”，之后仁宗和宣宗在此基础上又开创了“仁宣之治”，明王朝的国力盛极一时。

明朝中后期，太监干政的现象越来越严重，明英宗在太监王振的蛊惑下御驾亲征瓦剌，结果在土木堡一役中兵败被俘，从此明朝开始由盛转衰。明宪宗宠爱亦妻亦母的万贵妃，宠信宦官，晚年好方术，以至奸佞当权，西厂横恣，朝纲败坏，民不聊生。明武宗又宠信宦官刘瑾，极好逸乐，导致了正德年间战事频发，外有鞑靼达延汗进犯、内有叛乱和民变等事件。后嘉靖和万历在位前期虽有善政，但嘉靖崇信道教，痴迷于炼丹，竟二十多年不理朝政，导致奸臣严嵩当政弄权，万历也在张居正死后怠政三十年，导致朝政日疏。在此期间，明朝东南沿海倭寇横行，北边以努尔哈赤为首的女真部落也常有进犯，已然是内忧外患，国势渐危。到了天启年间，太监魏忠贤结党营私，把持朝政，大肆打击东林党，搞得朝政混乱，内忧外患进一步加剧。崇祯时期，爆发了李自成起义，北京被攻破，崇祯自缢身亡，明朝覆灭。

相关故事

李自成起义

明朝末期，阶级矛盾日益尖锐，天灾人祸不断发生。朝廷政治腐败，人民生活困苦不堪。千百万农民衣不蔽体，食不果腹，受着统治阶级残酷的剥削和压迫。李自成从小就因欠债被迫给地主牧羊。二十一岁那年，他打伤了地主，逃到银川当了一名驿卒。当时，全国到处都有农民起义爆发。崇祯三年（1630年），李自成杀死贪官造了反，加入到起义军的队伍中。他惩强除恶，又提出“平分土地，不收赋税”的口号，因此受到各地百姓的热烈欢迎。

有了老百姓的支持，李自成的起义军节节获胜，直逼北京城。崇祯皇帝发觉明朝气数已尽，强迫皇后自杀后，亲手拿刀砍死了自己宠爱的妃子和子女，然后跑到景山，吊死在一棵槐树下。崇祯帝死后，李自成顺利攻下北京城。可就在这时，关外的清军和明朝将领吴三桂开始里外夹击，攻打起义军。李自成的起义军寡不敌众，只能离开北京，撤退到西安。李自成到西安后，清军仍然穷追不舍，于是他只好再退至襄阳，不料途中遇难而死。李自成死后，其所建立的大顺政权便很快分崩离析。

知识拓展

东林党是明朝末年一个极为特殊的存在，可以说它是导致明末农民起义的主要原因。东林党并非现今意义上的政党，而是所谓的朋党，是明末以江南士大夫为主的依附于江浙财阀的官僚政治集团。万历三十二年（1604 年），被革职还乡的顾宪成等人修复宋代杨时讲学的东林书院，与高攀龙、钱一本等人在其中讲学，讽议朝政，评论官吏。他们提出了廉正奉公、振兴吏治、广开言路、革除朝野积弊等口号。这些针砭时弊的主张得到当时社会的广泛认同与支持，同时也遭到宦官及其依附势力的强烈反对。两者之间从政见分歧发展演变成明末激烈的党争局面。

东林党依附于当时的江浙商人和地主豪强，反对朝廷向工商业者收税，并借着崇祯帝清除魏忠贤势力的时机，取消或降低了海外贸易税、矿税、盐税、茶叶税等税种的税负，使得明末的财政收入来源更加单一，朝廷的税收来源更加依赖于普通农民，再加上当时各种天灾不断，地里的庄稼颗粒无收，出现大量流民，直接导致了明末的农民大起义。

小雨讲堂 1435年，九岁的朱祁镇继位，即明英宗，年号正统。此时太监王振开始干涉朝政。张太皇太后去世、元老贤臣“三杨”死后，王振专横跋扈，将明太祖挂在宫门上的“禁止宦官干政”的敕命铁牌撤下，随后又在京城内大兴土木，为自己修建府邸。王振擅权七年，家中计有金银六十余库。

此时，蒙古西部的瓦剌逐渐强盛，常犯边关。1449年，瓦剌首领也先率军南下伐明。王振怂恿明英宗集结二十万大军御驾亲征，师还，途中为瓦剌伏兵所败，英宗退至土木堡，为瓦剌所围。土木堡无水泉，南十五里有河为瓦剌所据，明军掘井两丈无水，明军饥渴，突围未成，大败，死者数十万，英宗被俘，史称“土木堡之变”。

原文

清世祖，膺景命。

靖四方，克大定。

译文

清军入关后，清世祖顺治皇帝在北京登上帝位，平定了各地的混乱局面，使得老百姓可以重新安定地生活。

知识链接

清朝是中国最后一个封建王朝。

女真族起源于先秦的肃慎，在唐朝时基本形成民族形态，成立了部落联盟。至辽时，自建金国政权。后入中原，领半壁江山，被元所灭，女真势衰。明朝初期，女真人散居东北各地。按其居住地域，分为建州女真、海西女真、东海女真三大部。明朝中期，海西、建州女真逐渐强大起来，与明朝冲突加剧，而各部间互争雄长，各建国称汗。女真人一步步走上中国历史舞台。

明朝后期，皇帝昏庸，宦官干政，统治集团内部斗争激烈，统治者和百姓之间的矛盾也日益加剧，国家内耗严重，国势日渐衰微。此时，建州女真的努尔哈赤乘势而起，统一了女真各部。1616 年，努尔哈赤在赫图阿拉建国称汗，国号大金，史称后金，此即清朝政权的前身，由此揭开了清朝历史的序幕。1618 年，努尔哈赤发布“七大恨”，誓师伐明。在之后的萨尔浒之战中大败明军，几年间吞并了明朝七十余城。努尔哈赤的第八子皇太极即位后，联合蒙古各部，对明朝展开了更为强烈的攻势。后降清的驻山海关明将吴三桂引清兵入关，击败李自成的大顺军，进入北京。接着，清兵进一步南下，相继消灭了李自成的大顺政权、张献忠的大西政权、明朝宗室建立的南明政权等，最终统一了中国。后经康熙、雍正、乾隆三朝发展至鼎盛，这一时期统一的多民族国家得到巩固，为近现代中国的领土主权奠定了基础，同时君主专制发展到顶峰。

清朝中后期，由于政治僵化、文化专制、闭关锁国、思想禁锢、科技停滞等因素，开始逐步衰落。1840 年，爆发了中英鸦片战争，自此之后多遭列强入侵，主权和领土严重丧失。1894 年，中日甲午战争爆发，中国战败，领土和主权进一步丧失，大大加深了中国半殖民地半封建化的程度。1900 年，八国联军以镇压义和团之名，对中国发动武装侵略战争，清朝彻底沦为半殖民地半封建社会。1911 年，辛亥革命爆发，清朝统治瓦解。1912 年 2 月 12 日，清帝被迫退位，从此结束了中国两千多年来的封建帝制。

相关故事

康熙智擒鳌拜

康熙帝即位的时候，才八岁。按照顺治皇帝的遗诏，由于康熙年纪太小，须由四个大臣辅政。四个辅政大臣中，鳌拜仗着自己掌握兵权，独断专横，和他意见不合的大臣，就会遭到排挤和打击。清军入关后，占用了大片的农民土地，并分给八旗贵族。鳌拜掌权以后，仗势扩大占地，还用差地强换别人的好地，遭到地方官员的反对。鳌拜便诬陷这些官员大逆不道，把反对他的地方官员都处死了。

康熙十四岁开始亲政。这时候，另一位辅政大臣苏克萨哈和鳌拜发生争执。鳌拜怀恨在心，勾结同党诬告苏克萨哈犯了大罪，逼迫康熙皇帝处死苏克萨哈。康熙自然不愿意，但考虑到鳌拜势力不小，只好暂时忍耐，把苏克萨哈杀了。

从此，康熙皇帝就决心要除掉鳌拜。他派人找了一批十几岁的贵族子弟担任侍卫。这些少年个个身体魁梧，健壮有力。

康熙帝把他们留在身边，天天练摔跤、习武艺。鳌拜看到这些吵吵嚷嚷的少年，只当是小孩子闹着玩，一点都没在意。有一天，康熙帝召见鳌拜，要他单独进宫商量国事。鳌拜像平常一样大摇大摆地走进宫去。等他跨进宫殿的门槛，一群少年蜂拥而上，将鳌拜围了起来，有的拧他胳膊，有的拖他大腿。鳌拜虽是武将出身，可这些少年毕竟人数众多，又都练过摔跤，鳌拜敌不过他们，一下子就被按倒在地，不能动弹了。

就这样，鳌拜被抓进了大牢。有皇帝做主，平时敢怒不敢言的大臣们纷纷上书，列举鳌拜的罪状。有的认为鳌拜专横；有的说他滥杀无辜；有的说他罪行累累，应该直接处死。康熙帝经过深思熟虑，决定从宽发落，免了鳌拜的死罪，把他幽禁起来。康熙帝用计智擒鳌拜，朝廷上下都很高兴。康熙重整朝廷，为苏克萨哈平冤昭雪，奖励了上书弹劾的百官，真正掌握

了朝政大权。

知识拓展

圆明园是中国清代皇家园林。遗址在北京西北郊。一般所说的圆明园，还包括它的两个附园长春园和绮春园（万春园）在内，因此又称“圆明三园”。它是清代北京西北郊五座离宫别苑即“三山五园”中规模最大的一座，占地 347 公顷。咸丰十年（1860 年），英法联军侵入北京，先是掠夺，继而放火烧毁，这座旷世名园只留下残壁断垣，衰草荒烟。

圆明园始建于清康熙四十八年（1709 年），是在康熙皇帝赐给皇四子胤禛的一座明代私园的旧址上建成的。胤禛登基为雍正皇帝后，扩建为皇帝长期居住的离宫。乾隆时期再度扩建，乾隆九年（1744 年）竣工。以后，又在园的东侧辟建长春园，在园的东南辟建绮春园，作为附园。乾隆三十七年全部完成，构成三位一体的园群。

圆明园全部由人工起造。造园匠师运用中国古典园林造山和理水的各种手法，创造出一个完整的山水地貌作为造景的骨架。圆明三园之景都以水为主题，因水而成趣。利用泉眼、泉流开凿的水体占全园面积的一半以上。大水面如福海宽 600 多米；中等水面如后湖宽 200 米左右；众多的小型水面宽 40 ~ 50 米，作为水景近观的小品。回环萦绕的河道又把这些大小水面串联为一个完整的河湖水系，构成全园的脉络和纽带，并供荡舟和交通之用。叠石而成的假山，聚土而成的岗阜，以及岛、屿、洲、堤分布于园内，约占全园面积的三分之一。它们与水系相结合，构成了山重水复、层叠多变的百余处园林空间。

乾隆皇帝六次到江南游览名园胜景，凡是他所中意的景致都命画师摹绘下来作为建园的参考。因此，圆明园得以在继承北方园林传统的基础上广泛地汲取江南园林的精华，成为一座具有极高艺术水平的大型人工山水园。

圆明园不仅在当时的中国是一座最出色的行宫别苑，乾隆皇帝誉之为“天宝地灵之区，帝王游豫之地无以逾此”，并且还通过传教士的信函、报告的介绍而蜚声欧洲，对 18 世纪欧洲自然风景园的发展曾产生一定的影响。

小雨讲堂 八旗制度是努尔哈赤于明万历四十三年（1615 年）正式创立的一套制度，是满人攻取天下、镇压反动势力、巩固统治的根本保障，也是清代满族社会“兵民合一”的特殊组织形式。

八旗制度从正式建立到 1911 年辛亥革命后清朝覆灭，共存在 296 年。它是清王朝统治全国的重要军事支柱，曾为发展和巩固多民族统一的国家、为保卫边疆防止外来侵略等做出了贡献，对满族社会的发展，更起到不可磨灭的作用。随着历史的嬗变，八旗制度中落后的一面也日益明显，严重地束缚了满族人民的发展，在征战中的作用也愈来愈小。八旗制度与清王朝的命运紧密地联系在一起，经过了由盛而衰、由衰而亡的整个历史过程。

原文

廿二史，全在兹。
载治乱，知兴衰。
读史者，考实录。
通古今，若亲目。

译文

二十二部史书全部在这里了，它们全面记载了上古以来的历史，记叙了历代太平盛世和乱世的史实，从中可以了解各个王朝兴盛和衰亡的原因。读史书的人，应该去探究真实的材料，这样才能博古通今，对历史的了解如同亲眼目睹。

知识链接

二十四史

二十四史，中国古代各朝编撰的二十四部史书的总称，被历朝纳为正统的史书，故又称“正史”。

《史记》是西汉司马迁撰写的一部纪传体史书，是中国历史上第一部纪传体通史。记载了上至上古传说中的黄帝时代，下至汉武帝太初年间共三千多年的历史。

《汉书》又称《前汉书》，由中国东汉时期的历史学家班固编撰，是中国第一部纪传体断代史。主要记述了上起西汉的汉高祖元年（公元前206年），下至新朝的王莽地皇四年（23年），共两百多年的史事。

《后汉书》是由南朝宋时期的范晔编撰的记载东汉历史的纪传体史书，主要记述了上起东汉的汉光武帝建武元年（25年），下至汉献帝建安二十五年（220年），近两百年的史事。

《三国志》是由西晋史学家陈寿所著，记载中国三国时代的纪传体国别史，包括《魏书》《蜀书》《吴书》三部分，主要记载魏、蜀、吴三国的历史。

《晋书》由唐代房玄龄等人合著，全书包括帝纪、志、列传、载记等一百三十余卷，记载了从晋武帝司马懿开始到晋恭帝司马德文时期的历史，并用“载记”的形式兼述了十六国割据政权的兴亡。

《宋书》由南朝梁沈约撰，记述南朝刘宋王朝自宋武帝建基至宋顺帝时期约六十年的史事。

《南齐书》由南朝梁时期的萧子显所撰，记述南朝萧齐王朝自齐高帝建元元年（479年）至齐和帝中兴二年（502年），共二十三年的史事。

《梁书》由唐代姚思廉编撰，主要记述了南朝萧齐末年的政治和萧梁王朝（502—557年）五十余年的史事。

《陈书》由唐代姚思廉编撰，记载了自陈武帝陈霸先即位至陈后主陈叔宝亡国前后三十三年间的史实。

《魏书》由北齐魏收编撰，记载了4世纪末至6世纪中叶北魏王朝的历史。

《北齐书》由唐代李百药编撰，记载了上起北魏分裂前十年左右，接续北魏分裂、东魏立国、北齐取代东魏，下迄北齐亡国，前后五十余年的历史。

《周书》由唐代令狐德棻主编，记载了北朝宇文氏建立的周朝（557—581年）的历史。

《隋书》由唐代魏徵等人编撰，记载了隋文帝开皇元年（581年）至隋恭帝义宁二年（618年）近四十年的历史。

《南史》由唐代李延寿著，记载了南朝宋、齐、梁、陈时期共一百七十年的史事。

《北史》由唐代李延寿著，记述了从北魏登国元年到隋义宁二年（618年）共二百三十三年的历史。

《旧唐书》由后晋刘昫等编写，是现存最早的系统记录唐代历史的一部史籍。

《新唐书》由北宋欧阳修、宋祁等合撰，在体例、笔法、风格上都显得比《旧唐书》更完整，更严谨。

《旧五代史》由北宋薛居正监修，记载了五代十国时期的历史。

《新五代史》由北宋欧阳修编撰，记载了自后梁开平元年（907 年）至后周显德七年（960 年）共五十余年的历史。

《宋史》由元代脱脱和阿鲁图先后主持修撰，记载了宋朝的历史，是二十四史中篇幅最庞大的一部。

《辽史》由元代脱脱等人所撰，系统地记载了契丹族建立的辽朝二百多年的历史。

《金史》由元代脱脱等主持编修，是反映女真族所建金朝的兴衰始末的重要史籍。

《元史》由明代宋濂等人主编，记述了从蒙古族兴起到元朝建立和灭亡的历史。

《明史》由清代张廷玉等编撰，记载了自洪武元年（1368 年）至崇祯十七年（1644 年）近三百年的历史。

小雨讲堂 二十四史记叙了四千多年中，中国历史上众多人物的活动，反映出人在历史进程中的重要作用。同时，它也是中国古代最重要的历史文化遗产，记叙了自传说时代的三皇五帝起，中经夏、商、周、秦及历代皇朝的历史发展过程。

原文

口而诵，心而惟。
朝于斯，夕于斯。
昔仲尼，师项橐。
古圣贤，尚勤学。

译文

我们读书时，要一边读，一边用心去思考。只有从早到晚都把心思用在学习上，才能真正学好。儒家学派创始人孔子是个十分好学的人。当时，鲁国有一个神童名叫项橐，孔子就曾谦虚地向他请教问题。像孔子这样的圣贤，尚不忘勤学，我们更要加倍努力。

相关故事

项橐三难孔夫子

项橐是春秋时期鲁国的一个神童，他七岁时，孔子曾经谦虚地向他请教问题，所以后世尊项橐为“圣公”。

相传，有一次孔子与弟子们周游列国。半路上，见一个孩童在路中间站着不动。孔子就问：“看见马车为什么不躲开呀？碰伤你可怎么办？”那孩童说：“可我的城池在此，怎么让你的车马呢？”孔子探身道：“城在哪里？”那孩童说：“就在我脚下。”孔子下车查看，果然见这个孩子立于由石子、瓦片围成的“城”中。孩子问：“是城让车马，还是车马让城？”

孔子笑道：“好伶俐的孩子！请问你叫什么名字？多大了？”那孩子答道：“我叫项橐，今年七岁。请问您是哪位？”孔子答道：“我是鲁国的孔丘。”项橐问道：“原来您就是大名鼎鼎的孔夫子啊！那么我请教您三个问题，答得出我就让‘城’让路，答不出就请您绕‘城’而过。”孔子觉得项橐很有意思，于是说道：“一言为定！”

项橐说：“天、地、人为三才，夫子可知天有多少星辰，地有多少五谷，人有多少根眉毛？”孔子摇头说：“我还真不知道。”项橐说道：“我来告诉您吧，天有一夜星辰，地有一茬五谷，人有黑、白两根眉毛。”项橐再问：“请问什么水里没有鱼？什么火没有烟？什么树没有叶？什么花没有枝？”孔子答道：“江河湖海，水中都有鱼；柴草灯烛，是火就有烟；没有叶不成树，没有枝又怎么会有花呢？”项橐听后摇摇脑袋说：“让我来告诉您吧，井水里没有鱼，萤火虫的火没有烟，枯树

没有叶，雪花没有枝。”项橐又问：“什么山上没有石头？什么城里没有官员？什么牛不生小牛？什么马不生小马？什么男人没有妻子？什么女人没有丈夫？”孔子说：“我还是不知道。”项橐又道：“土山无石，空城无官，泥牛无犊，木马无驹，神仙无妻，仙女无夫。”孔子听了，十分佩服这个七岁的孩子，于是向项橐行礼，绕“城”而过。这就是后世传说的“项橐三难孔夫子”的故事。

小雨讲堂 读书讲究口到、眼到、心到。读书读书，首先落在“读”字上，要大声地读出来，读得多了自然印象就深刻了，理解就加深了，正所谓“书读百遍，其义自见”；其次，我们在读书时要多看，仔细地看，逐字逐句地去理解，只有这样，才能渐渐领会书中的奥秘；再次，读书最重要的就是要用心，要认真地去读、去学习，心不在书本上，那么眼睛就不会看仔细，思想不集中，只是随随便便地读，那一定不可能记住，即使记住了也不能长久。知识是无穷无尽的，学问是苦根上长出来的甜果，只有刻苦地、不间断地学习，才能掌握和运用好它。

原文

赵中令，读鲁论。
彼既仕，学且勤。

译文

北宋的开国功臣赵普，已经在朝廷当了大官，还天天手不释卷地研读《论语》，依然勤奋学习。

相关故事

半部《论语》治天下

赵普是宋朝有名的宰相，他出身贫苦，少年时期没有好好读过书，所以比起一般文臣来，他的学问差了许多。他当上宰相以后，宋太祖赵匡胤劝他多读点书。于是，赵普每次回家就关起房门，从书箱里取出书来认真诵读。第二天上朝处理政事，总是十分合理。后来，家里人发现，他的书箱里放的不过是一部《论语》。

宋太祖死后，他的弟弟赵光义继位，史称宋太宗。赵普仍然担任宰相。相传，有一次宋太宗和赵普闲聊，宋太宗随便问道："有人说你只读一部《论语》，这是真的吗？"赵普老老实实地回答说："臣所知道的，确实不超出《论语》这部书。过去臣以半部《论语》辅佐太祖打下天下，现在臣用半部《论语》辅佐陛下，使天下太平。"

赵普读了一辈子《论语》，并对其进行了专门的研究和实践，这成为他治国、平天下的资本。

小雨讲堂 正所谓“书山有路勤为径，学海无涯苦作舟”，学问是永无止境的，一个人的努力和奋斗是不可半途而废的。活到老，学到老，孜孜不倦，方能有所成就。

原文

披蒲编，削竹简。
彼无书，且知勉。
头悬梁，锥刺股。
彼不教，自勤苦。

译文

西汉时，路温舒把借来的书抄在蒲草上阅读。公孙弘将借来的书刻在竹子削成的竹片上。他们两人都很穷，买不起书，但还不忘勤奋学习。汉朝的孙敬读书时把自己的头发拴在屋梁上，以免读累了打瞌睡。战国的苏秦读书每到疲倦时就用锥子刺自己的大腿，等清醒后继续苦读。他们两人都不用别人督促，能够自觉地勤奋苦读。

相关故事

悬梁刺股

汉朝时有个人叫孙敬。他小时候很好学，后来到了洛阳，在太学附近的一处小屋里安顿好母亲，然后入学。孙敬好学，晨夕不休，常年闭门谢客，苦读诗书，人称“闭户先生”。他读书常常通宵达旦，困倦得连眼皮都睁不开。于是他就想了一个办法，用一根绳子把自己的头发绑起来，然后吊在房梁上。这样，如果打盹低头，头发被绳子一拽，人就会疼醒，然后便可以继续读书了。孙敬凭借其独特的“头悬梁”的苦读精神，终于通今博古、满腹经纶，成为当时知名的大学问家。

战国时期有个叫苏秦的人，他做梦都想有一番作为，可是没有人给他引荐。他只好到诸侯国四处求人找出路，可是好几年也未成功。苏秦无奈，只好衣衫褴褛地回到家里。家里人见他如此落魄，也都不理睬他。于是，苏秦下了狠心，日夜苦读，连门都很少出。有时读书到半夜，苏秦又困又乏，但一想到自己所受过的苦，他就用一把锥子在自己的大腿上扎一下，清醒了以后再继续苦读。靠着这样的毅力，苏秦的学识逐渐增长。后来，他游说六国合纵抗秦，担任过六个国家的宰相。

小雨讲堂 古代人读书很不容易，因为在纸和印刷术没有发明之前，一般人是读不起书的。那时的书很贵重，得靠人工抄写在竹简或木牍上。一片竹简、木牍写不了多少字，一部文字多点的书就得装好几车。所以，那时的书籍可以说是奢侈品，只有王公贵族、官宦富商等人家中才藏有丰富的典籍。后来人们把书写到帛上，卷成一卷卷的，一部书又分作若干卷。帛也很贵，只有有钱人才抄得起。到发明了纸后，书虽然便宜了一些，但是还得手抄，抄一部书很费事，抄很多部书就更麻烦了，一般人还是抄不起。印刷术发明以后，书籍成为商品，可以在书店里买到了，但是，很多穷人连一本书都买不起，更不用说很多书了。路温舒和公孙弘这两个人，在没有书的情况下，想办法把书抄在蒲草或刻在竹片上学习，而我们今天能轻松地买到印制精美、内容丰富的书，学习条件如此优越，更应该刻苦读书。虽然我们不必像孙敬和苏秦那样为了读书而损伤自己的身体，但是他们身上那种锲而不舍、勤奋刻苦的精神是非常值得我们学习的。

原文

如囊萤，如映雪。
家虽贫，学不辍。
如负薪，如挂角。
身虽劳，犹苦卓。

译文

晋朝人车胤，把萤火虫放在纱袋里，借着萤火虫发出的光来读书。孙康则利用积雪的反光来读书。他们两人虽都家境贫苦，但都没有因此而停止学习。汉朝的朱买臣，以砍柴维持生活，每天都一边挑着柴担一边读书。隋朝的李密，放牛时把书挂在牛角上，一有时间就读。虽然他们身体很劳累，但在艰苦的环境里仍坚持不懈地读书学习，后来都大有成就。

相关故事

囊萤映雪

“囊萤”说的是晋朝的车胤。车胤是东晋大臣，他的祖父车浚在三国时期做过东吴的会稽太守，因为当时闹灾荒，车浚向上面请求财资以赈济百姓，结果被昏庸的吴主孙皓处死了。此后，车家就家道中落，到了一贫如洗的地步。因家中贫寒，晚上没钱点灯看书，车胤就捉些萤火虫放在用纱布缝制的袋子里面，借着萤火虫发出的微弱亮光苦读。

经过多年的苦读，加上父亲的指导，车胤终于成了一个很有学问的人，一生中担任过吴兴太守、辅国将军、户部尚书等官职。

“映雪”讲的是晋朝人孙康。孙康是晋代京兆（今河南省洛阳市）人，是长沙太守孙放之孙。孙康幼时酷爱读书，但常常感到时间不够用，所以他夜以继日地苦读。可当时家中贫穷，没钱买油点灯。这样一到天黑，他便没有办法读书了，特别到了冬天，他有时辗转很久都难以入睡。实在没有办法，他就只好白天多看书，晚上躺在床上默诵。

一天夜里，他一觉醒来，忽然发现从窗外透进几道白光来，照在地上，明晃晃的。开门一看，原来下了一场大雪。孙康心想，映着雪光能否读书呢？想到这里，他急急忙忙跑回屋里，拿起书又跑出门外，站在雪地里读起书来。

整个冬天，孙康都夜以继日地苦读，即使是北风呼啸，滴水成冰，也从没有中断过。功夫不负有心人，孙康最后终于成为一位很有名望的学者。

小雨讲堂 古代学子大多出身寒门，家中贫困，而且作为家中年轻的男丁，他们身上往往还扛着赚钱养家的重任。买不起书，他们就借书来看；上不起学，就在家中自学苦读；读书条件有限，就想办法去创造条件。即便是在如此贫苦的条件下，他们仍能够克服困难，努力学习。今天我们有舒适的学习环境，如果不知道珍惜，那真是应该深深感到惭愧啊！

原文

苏老泉，二十七，
始发愤，读书籍。
彼既老，犹悔迟。
尔小生，宜早思。

译文

北宋的苏洵，号老泉，小时候不喜欢念书，到了二十七岁的时候，才下决心努力学习，后来成了大学问家。等苏洵上了年纪后，还是后悔自己读书迟了。年轻人应该把握大好时光，发愤读书，才不至于将来后悔。

相关故事

苏洵发愤

苏洵是北宋时期的著名散文家，也是著名文学家苏轼和苏辙的父亲，他写的文章大多是对时政的议论，论点鲜明，很有说服力。

不过，苏洵年轻的时候喜欢四处游荡，不喜欢读书。他十八岁时第一次上京城，参加朝廷的进士考试，结果没有考中，他从京城回来后干脆就结了婚，不再读书了。后来看着曾经的同窗都比自己有出息，苏洵心里很不是滋味，在二十七岁那年，他终于悔悟，从此不再四处游玩，而是整日把自己关在家里，认真苦学儒家经典和诸子百家的著作。多年后，他写起文章来，一下笔就是好几千字，终于形成了自己独特的风格。

苏洵不仅自己苦读，还让两个儿子早早开始读书。后来，他带领苏轼、苏辙两兄弟来到京城，拜见了著名文学家欧阳修。欧阳修对苏家父子三人的文章非常欣赏，立刻把他们推荐给朝廷。很快，这些文章就在公卿大夫之间争相传诵，“三苏”的美名从此传扬开来。

小雨讲堂 苏洵一开始光顾着游山玩水，对学业丝毫不重视。一次落第，让他意识到学习的重要性，于是他开始发愤读书，终于实现了从学渣到学霸的华丽逆袭。

原文

若梁灏，八十二。
对大廷，魁多士。
彼既成，众称异。
尔小生，宜立志。

译文

宋朝有个梁灏，八十二岁时才考中状元，而且在金殿上对皇帝提出的问题对答如流，所有参加考试的人都不如他有学问。梁灏这么大年纪尚能获得成功，让大家感到惊讶。年轻人更应该及早树立远大志向。

相关故事

活到老，学到老

相传，宋朝有个叫梁灏的人，从小就喜爱读书。虽然他年年都参加科举考试，但每一年都名落孙山，受尽了别人的嘲笑。但梁灏毫不泄气，始终坚持不懈地读书，每一年落榜后，都继续准备参加下一年的考试。

即便后来他的儿子考中状元了，梁灏依然在家中苦读。人们笑着劝他说："你的儿子都已经考中状元了，以后你也衣食无忧了，何必年年苦读呢？"梁灏听了，只是笑笑，依然刻苦读书。经过不懈努力，在八十二岁那年，梁灏终于获得了殿试的机会。

在殿堂上，白发苍苍的梁灏分外引人注意。于是，皇帝把他叫上前来，问了几个难以回答的问题，没想到梁灏竟然对答如流，获得了皇帝和大臣的赞赏，最终夺魁，成了八十二岁的老状元。从此，人们都叫他“白头状元”。

由此可知，一旦立下志向，而且努力不懈，终是会成功的。梁灏体现了“活到老，学到老”的精神，他的这种毅力，很值得我们学习。

另外，我国近现代绘画大师齐白石先生也是一个勤奋好学之人。齐白石先生早年曾为木工，后以卖画为生，五十七岁后定居北京，擅画花鸟、虫鱼、山水、人物。在齐白石先生数十年的绘画生涯中，他差不多天天都要作画。他持之以恒地练习，即使到了晚年，照样每天黎明即起，吃过早饭后

便要画上几幅，对艺术的追求孜孜不倦。齐白石逝世于1957年，就在这一年，他创作了生命中最后几幅画，当时，他虽已腿脚不便，身体已经极度衰弱，但他的画依旧洋溢着灿烂而又旺盛的生命力。

小雨讲堂 正所谓“有志者事竟成”，凡是树立志向的人，只要坚持不懈，努力去做，最终一定能取得成功。年轻时不要害怕失败，有理想就要努力去追求，有目标就要努力去拼搏，失败了不要气馁，不断努力、百折不挠就一定会成功。看看我们的前辈，有些为了自己的理想和目标而努力拼搏了一辈子，有着大好年华的我们，有什么理由遇到困难和挫折就退缩，有什么理由不去努力拼搏呢？

原文

莹八岁，能咏诗。
泌七岁，能赋棋。
彼颖悟，人称奇。
尔幼学，当效之。

译文

祖莹八岁就能吟诗，后成为国家的栋梁之材。李泌七岁就能以下棋为题作诗赋。他们两人的聪明才智，令当时的人感到惊讶。年轻的学生应该效仿他们，用功读书。

相关故事

祖莹偷读

北魏的祖莹从小迷恋读书，每日都沉浸于书籍之中，夜以继日地苦读。父母看到他这样拼命，担心他的身体吃不消，就禁止他这么做。谁知祖莹偷偷地把木炭藏在灰里，等父母都睡熟了，偷偷点起灯读书，并用衣服和被子把窗户遮盖起来，以免漏光，被父母发现。就这样，祖莹读的书越来越多，知识也越来越丰富了。中书监高允对祖莹的这种好学精神很是钦佩，他对其他学生说："这个孩子的才能不是大多数人能达到的，他将来一定会大有作为的。"

有一次，中书博士张天龙讲解《尚书》，祖莹被选为都讲协助讲经。学生们都已经到齐了，但祖莹因为夜里读书太迟，睡过了头。他在慌忙之中误将住在同一个房间的学生李孝怡的《礼记》当作《尚书》拿了来，登上讲台才发现拿错了书。因为张天龙对学生很严厉，祖莹不敢再回去换书，就将错就错把《礼记》放在面前，自己背诵了《尚书》中的三章，没有漏掉一个字。李孝怡发现了，就向张天龙汇报了这件事。师生们得知此事，都惊讶极了。

李泌赋棋

唐朝时有个叫李泌的人，从小就非常聪颖好学。他七岁的时候，就能够以下棋为题，当场赋诗，常常博得满堂喝彩。唐玄宗把李泌召进宫，命与自己下过棋的大臣张说考考李泌。张说请李泌赋“方圆动静”，李泌说：“愿闻其略。”张说解释道：“方如棋局，圆若棋子，动若棋生，静若棋死。”李泌不假思索地说：“方若行义，圆若用智，动若骋材，静若得意。”唐玄宗听后大为惊叹。

小雨讲堂 一个人拥有智慧的头脑的确值得骄傲，但是聪慧并不代表着不需要努力，上天赐予你过人的天赋不是让你去挥霍浪费的，而是让你好好利用，去创造更大价值的。倘若你比他人有天赋，这只能说明你比别人离成功更近，但并不意味着你就一定能获得成功，因为决定成功的根本要素还是勤奋努力。时间最大的特点就是不可逆性，一旦流逝就不会再回来，每个人的青春只有一次，少年时期是人一生中学习能力最强的时候，是学习的黄金时期，不趁着这个时候好好学习，为自己的将来打下基础，更待何时呢？那些取得非凡成就的人，除了或许拥有超越常人的智慧和天赋，更离不开自身的坚持不懈、勤奋努力，我们应该向他们学习。

原文

蔡文姬，能辨琴。
谢道韫，能咏吟。
彼女子，且聪敏。
尔男子，当自警。

译文

在古代，有许多出色的女能人。像东汉的蔡文姬，能辨识琴声中所传达的情绪，晋朝的才女谢道韫则能出口成诗。这两个女子如此聪慧，一个懂音乐，一个会作诗；男子汉更要时时激励自己，充实自己。

相关故事

蔡文姬辨琴

蔡文姬，名琰，字文姬，是东汉著名的才女。传说她“博学而有才辨，妙于音律”。

蔡文姬的父亲蔡邕是东汉著名的文学家，才学出众，在当时很有名气。出身于书香门第的蔡文姬从小就受到文学艺术的熏陶，博学多才，音乐天赋过人。

她六岁的时候，有一天蔡邕在大厅中弹琴，忽然看到庭院里有一只猫和老鼠在搏斗。蔡文姬在房中问父亲：“您的琴声中为何潜藏着一股杀气呢？”

又有一次，蔡邕不小心把一根琴弦给弹断了。蔡文姬在远处问:“爹，断的是第一根弦吧?”蔡邕一看，果然不错。他继续弹琴，不料弦又断了一根。蔡文姬又说:“怎么第四根弦也断了?”她又说对了，蔡邕十分佩服。

天资聪颖又爱学习的蔡文姬，琴艺越来越高超，她创作的悲切深沉的琴曲《胡笳十八拍》,是中国十大古曲之一。

谢道韫作诗

谢道韫是东晋著名女诗人。她出身于世家大族，是安西将军谢奕之女，东晋宰相谢安的侄女，王羲之之子王凝之之妻。东晋时期，有两大家族最为显赫，那就是王家和谢家，两家能人才子辈出，他们不但功勋卓著，而且才学出众。谢道韫从小就耳濡目染，受到了良好的熏陶。

谢道韫识知精明，聪慧能辩。叔父谢安曾问她:“《诗经》何句最佳?”谢道韫回答:“吉甫作颂，穆如清风。仲山甫永怀，以慰其心。”此诗写的是周朝老臣吉甫的忧国忧民之心，这正合明明出世却不忘黎明百姓的谢安的心意。谢安大赞侄女

有雅人深致。

有一次，谢安召集子侄一同赏雪。谢安问道：“这白雪纷纷像什么呀？”谢安八岁的侄子谢朗回答道：“撒盐空中差可拟（好比撒在空中的盐）。”七岁的谢道韫说：“未若柳絮因风起（我觉得更像起风时漫天飞舞的柳絮）。”她的比喻如此恰当，让谢安感到十分高兴。谢道韫的这一咏雪名句也一直为世人所传诵。

小雨讲堂 在两千多年漫长的封建社会中，男尊女卑的封建思想一直束缚着中国女性。那时候女性的社会地位极低，人们认为“女子无才便是德”，女子听从父母，学习礼仪和女红才是正务，要是偷偷读书甚至上学堂学习，会被视为不务正业；而嫁到了夫家则更要循规蹈矩地服侍丈夫和公婆，听从公婆的教诲，不能有自己的主见。当时，女孩子想要读书学习是非常困难的，可以想见蔡文姬和谢道韫当时学习是多么不易。现在社会进步了，男女平等了，女孩也能和男孩一样上学读书，因此我们更应该珍惜良好的学习环境，刻苦努力，多学知识，将来成为一个对社会有用的人。

原文

唐刘晏，方七岁。
举神童，作正字。
彼虽幼，身已仕。
尔幼学，勉而致。
有为者，亦若是。

译文

唐朝时，有一个名叫刘晏的孩子，七岁就被推举为神童，并且担任了负责勘正文字的官职。刘晏年纪虽小，却已经做官，担当起重任了。年幼的学生，更要勉励自己，去取得成就。凡是有作为的人，也都像他那样勤奋好学。

相关故事

正字郎刘晏

刘晏是唐代著名的经济改革家、理财家。刘晏自幼天资聪颖，自小勤学，才华横溢，七岁时就被称为神童。

一次，唐玄宗赴泰山参加祭拜典礼。祭典结束后，他在帐殿听大臣的汇报。有一个礼官上书说："现在有一个叫刘晏的小孩，才七岁，他要向皇上献上自己写的《东封书》。"皇上非常高兴，就下令召见刘晏。七岁的刘晏进帐后，一点都不胆怯，开始在皇上面前诵读自己写的《东封书》。这是一篇颂扬玄宗治国功德的礼赋，不仅立意新颖，文笔流畅，而且用词精当，文采出众。唐玄宗听后当然兴奋不已，连连称赞。但他仍不相信如此气势雄浑的礼赋是出自一个孩子之手。为了证实这篇礼赋真是刘晏所写，唐玄宗便吩咐宰相张说当场给刘晏出道题目。

一开始，张说出了道较简单的题目让刘晏回答，刘晏不假思索，张口便答了出来。张说见刘晏答得如此流利，又出了一道较难的题目，刘晏仍流利地答了出来。接着，张说又出了很难的题目，刘晏依然对答如流。

张说甚是激动，遂向玄宗道喜说："我朝出了这样一个奇才童子，真是国家兴盛的好兆头啊！"于是，唐玄宗就把刘晏带回长安，封他为秘书省正字官，负责重要图书的文字校勘工作。

小雨讲堂 刘晏有一次回答唐玄宗提出的问题时，曾说：“天下字臣都能正，只有‘朋’字正不了。”这话寓意深刻地指出朋党勾结的时弊，让唐玄宗对他更是连连称赞。

原文

犬守夜，鸡司晨。

苟不学，曷为人。

蚕吐丝，蜂酿蜜。

人不学，不如物。

译文

狗在夜间会替人看守家门，公鸡在天亮时会报晓。人如果不用心学习，怎么能称为人呢？蚕吐丝供人们做布料，蜜蜂酿蜜供人们食用。人要是不学习，不以自己的知识技能来实现价值，那真不如这些小动物。

相关故事

凿壁偷光

西汉的时候，有个叫匡衡的人。他出身于一个贫苦的农民家庭，祖上都是务农的。但匡衡从小就很喜欢读书，可是因为家里穷，没钱上学。后来，他跟一个亲戚学认字，学会了看书。匡衡买不起书，只好向别人借书来读。可由于书在当时是非常贵重的，有书的人也不肯轻易借给别人。匡衡太想读书了，于是他想出了一个办法：在农忙时节，他去给有钱人家打短工，不要工钱，只求这户人家借书给他看。

过了几年，匡衡长大了，成了家里的主要劳动力。他一天到晚在地里辛勤干活，只有在中午休息的时候才有工夫看一点书，所以一卷书常常要十天半月才能读完。匡衡心里很着急，心想：白天种庄稼，没有时间看书，我就多利用一些晚上的时间来看书吧。可是匡衡买不起点灯的油，这可怎么办呢？

有一天晚上，匡衡躺在床上回想白天读过的书里的内容。想着想着，突然发现东边的墙壁上透过来一丝亮光。他猛地站起来，走到墙边仔细一看，原来是邻居家的灯光通过壁缝透到他的屋里了。于是，匡衡想了一个办法：他拿了一把小刀，把墙缝稍微挖大了一些，这样，透过来的光也亮多了。他就凑着透进来的灯光读起书来。

匡衡日复一日地刻苦学习，后来成了一个很有学问的人。

小雨讲堂 天生我材必有用，万事万物都有大自然所赋予的特质，如狗能看门、鸡会报晓等。大自然对人类是最厚待的，它赋予了人类其他生物所没有的智慧，同时，自然也赋人以使命，那就是：通过不断地实践学习，去认识自然，总结规律，开拓创新，从而再去改造自然。人类只有通过不断学习，掌握各种知识，才能开拓更深、更广的知识领域，从而不断地改善我们的生存环境和生活条件。但是如果我们仗着自己拥有智慧而松懈懒惰，不努力学习，那就白白浪费了自然赋予的独特天赋，这样是不会有什么成就的。

正所谓“前人栽树，后人乘凉”，无数先辈通过他们的努力实践，为我们积累了丰富的知识宝藏，我们应该怀着感恩之心好好地去学习，将自己所学的知识运用到实践中去，为社会、为国家甚至为全人类服务，这就是我们的使命。

原文

幼而学，壮而行。
上致君，下泽民。
扬名声，显父母。
光于前，裕于后。

译文

我们要在幼年时努力学习，不断充实自己，长大后才能学以致用，为国家效力，为人民谋福利。如果这样做，人民就会赞扬你，父母也会因此而感到荣耀，这样既给祖先增添了光彩，也给后代做出了榜样。

相关故事

董仲舒目不窥园

董仲舒是西汉时期著名的思想家、哲学家。他从小就酷爱读书，学习十分刻苦。据说，他的书房邻近一个姹紫嫣红的花园，里面的景色一年四季各不相同，十分美丽。每天清早一起床，董仲舒就在书房里捧起书本废寝忘食地读书。就这样，一晃三年多过去了。

一天，阳光明媚，董仲舒走出书房透透气。他偶然看了一眼种在花园里的一颗果实累累的杏树，惊讶地瞪大了双眼，并对仆人说："我记得这棵杏树刚栽下不久，怎么这么快就结果了呢？"仆人告诉他："这棵杏树已经栽下四年了，今年正是它开花结果的时候。”董仲舒这才发觉，这些年来自己看书太专注，竟连身边的花园都没瞧过一眼。

后来，董仲舒在《举贤良对策》中系统提出加强中央集权的主张，并建议“罢黜百家，独尊儒术”，为汉武帝所采纳，使儒学成为当时中国社会的正统思想，董仲舒因而被尊为“群儒之首”。

小雨讲堂 理论来源于实践，自然也为实践服务。学习的目的在于应用，如何运用学到的知识为大众服务，不枉费自身所学，对后人也有所帮助？这就需要将理论与实践相结合。用所学的知识解决生活中的实际问题，并在实践中加深理解。古时候，很多学子会去考功名，希望步入仕途，除了可以光宗耀祖，更重要的是可以实现他们治国、平天下的理想。如今，我们不必背负着像古人那么重的压力，但也应该通过自己的努力去实现人生价值，去创造属于自己的美好未来。

原文

人遗子，金满籯。
我教子，惟一经。
勤有功，戏无益。
戒之哉，宜勉力。

译文

有的人留给子孙后代的是满箱的金银钱财，我用来教育孩子的，只有这本《三字经》。只有勤奋上进的人，才会有所成就；而只顾贪玩，浪费大好时光是没有好处的。要时刻告诫自己，珍惜光阴，好好努力。

相关故事

《颜氏家训》和《曾国藩家书》

中国是一个极其注重家庭教育的国家，有所成就的尊长都会将自己的思想和经验总结并传授给自己的子孙后代，因此，流传下来很多至今都很有借鉴意义的家训和家书，而其中最受推崇的就是《颜氏家训》和《曾国藩家书》了。

《颜氏家训》是我国南北朝时期的文学家、教育家颜之推的传世之作。颜之推“生于乱世，长于戎马，流离播越，闻见已多”，他深知当时政治、俗尚的弊病，洞悉南北两派经学的长短。他结合自己的人生经历、处世哲学，写成了《颜氏家训》一书，以训诫子孙。

《颜氏家训》是我国历史上第一部内容丰富、体系宏大的家训，也是一部学术著作。颜之推在其中阐述了他立身治家的方法。他强调教育体系应以儒学为核心，尤其应注重对孩子的早期教育，并对儒学、文学、历史、民俗、社会、伦理等方面提出了自己独到的见解。《颜氏家训》内容翔实，语言流畅，文风朴实，对后世的影响颇为深远，在家庭伦理、道德修养方面至今仍有重要的借鉴作用。

《曾国藩家书》是清末名臣曾国藩的书信集，近1500封书信是他一生的主要活动及其治政、治家、治学之道的生动反映。曾国藩是中国近代政治家、战略家、理学家、文学家，湘军的创立者和统帅，与李鸿章、左宗棠、张之洞并称为“晚清四大名臣”，在当时具有举足轻重的地位。曾国藩一生奉行“为政以耐烦为第一要义”，主张凡事要勤俭廉劳，不可为官自傲。

他修身律己，以德求官，礼治为先，以忠谋政，在官场上获得了巨大的成功。他将自己的经历和感悟以书信的形式写给自己的亲人，内容涉及修身养性、为人处世、交友识人、持家教子、敬德修业等方面，对现当代人都极具指导意义。

小雨讲堂 知识是人类最宝贵的财富，并且取之不尽，用之不竭，而金钱再多也不能永远拥有。如果子女不求上进，做父母的再有钱，又有什么用呢？如果子女一无所长，金钱反而会害了他们。“书中自有千钟粟”“书中自有黄金屋”自然是夸张之言，但这也告诉我们，知识能够创造财富。

书山有路勤为径，学海无涯苦作舟。求知之路必定是漫长而坎坷的，正因为如此，我们更要时刻提醒自己，要珍惜大好时光，持之以恒地学习。“黑发不知勤学早，白首方悔读书迟”“少壮不努力，老大徒伤悲”，这些都是前人总结出的深刻教训，我们千万要引以为戒，时刻警醒自己。

图书在版编目（CIP）数据

小雨姐姐说《三字经》/ 小雨主编 . -- 杭州 : 浙江教育出版社 , 2020.1

（国学经典文库系列）

ISBN 978-7-5536-9639-3

Ⅰ . ①小… Ⅱ . ①小… Ⅲ . ①古汉语—启蒙读物 Ⅳ . ① H194.1

中国版本图书馆 CIP 数据核字 (2019) 第 236411 号

国学经典文库系列　GUOXUE JINGDIAN WENKU XILIE

小雨姐姐说《三字经》　XIAOYU JIEJIE SHUO《SANZIJING》

小雨/主编　希苗文化/编写　许盛/绘图

责任编辑　李　剑　　责任校对　赵露丹

美术编辑　曾国兴　　责任印务　陆　江

封面设计　许　盛

出版发行　浙江教育出版社

（杭州市天目山路40号　邮编：310013）

图文制作　杭州希苗文化创意有限公司

印　　刷　浙江新华印刷技术有限公司

开　　本　710mm × 1000mm　1/16

成品尺寸　150mm × 220mm

印　　张　13

字　　数　260 000

版　　次　2020年1月第1版

印　　次　2020年1月第1次

标准书号　ISBN 978-7-5536-9639-3

定　　价　35.00元

联系电话　0571-85170300-80928

网　　址　www.zjeph.com
